Anonymus

Die oberste Lehrgewalt des römischen Bischofs

Anonymus

Die oberste Lehrgewalt des römischen Bischofs

ISBN/EAN: 9783743336704

Hergestellt in Europa, USA, Kanada, Australien, Japan

Cover: Foto ©Lupo / pixelio.de

Manufactured and distributed by brebook publishing software (www.brebook.com)

Anonymus

Die oberste Lehrgewalt des römischen Bischofs

Die oberste Lehrgewalt des Römischen Bischofs.

Von einem Römischen Theologen.

Autorisirte Uebersetzung mit Vorwort, Anmerkungen und Anhang des Uebersetzers.

Zweite Auflage.

Trier,
Verlag von Ed. Groppe.
1870.

Inhalt.

		Seite.
Vorbemerkung des Uebersetzers		III
Einleitung		1
Kapitel I.	Worum handelt es sich?	3
„ II.	Die Gewalt des Papstes, über Glaubenssachen Gesetze zu geben, wird durch die h. Schrift bestätigt	11
„ III.	Die Gewalt des Papstes, in Glaubenssachen Gesetze zu geben und zu lehren, ist die oberste, und deßhalb ist sie unfehlbar	19
„ IV.	Die Zuerkennung der obersten Lehrgewalt an den Papst beeinträchtigt die den Bischöfen verliehenen Rechte nicht	27
„ V.	Die Päpste haben wirklich die oberste Lehrgewalt beständig ausgeübt	34
„ VI.	Die oberste Lehrgewalt des Papstes in der Kirche wird durch öcumenische Concilien bestätigt	51
„ VII.	Mit welcher Sicherheit kann man sich an diese oberste Auktorität des Papstes halten?	60
Anhang I.	Die Orthodoxie des Honorius vertheidigt gegen die „Causa Honorii Papae" etc. etc.	81
„ II.	Die Bedeutung der Verdammungssentenz des VI. öcumenischen Concils gegenüber der Darstellung durch die „Causa Honorii Papae" etc. etc.	89
Aktenstücke mit erklärenden Noten		100

* = Anmerkung des Verfassers.

† = Anmerkung des Uebersetzers.

Vorbemerkung des Uebersetzers.

Wiederum ein Buch zur Infallibilitäts-Literatur, und gerade zur Zeit, da die Verhandlungen des Concils über diese Materie eben beginnen sollen, und dazu noch aus Italien. Hat nicht Deutschland schon Ueberfluß an solchen Schriften? Soll vielleicht durch diese gewaltige Bücher- und Broschürenfluth noch um die eilfte Stunde ein Einfluß auf die Väter des Concils oder wenigstens auf die „öffentliche Meinung" ausgeübt werden? Wir glauben, daß für das Concil ein „Höherer" die Sorge übernommen hat und wir sind fest überzeugt, daß derselbe auch die Geister und Gemüther zur rechten Zeit vorbereitet, die jetzt etwa noch ängstlich den Beschlüssen desselben entgegensehen. Wir verdoppeln deßhalb in diesen Tagen, da das Concil sich bereits anschickt, das Postulat wegen der Unfehlbarkeit des Papstes zu prüfen, unsere Gebete und erwarten mit Ruhe und Zuversicht die Entscheidung, die der heil. Geist vorbereitet hat und die er vielleicht in wenigen Wochen zu Vollendung führen wird. Welches auch immer die Lösung sein wird, wir nehmen sie schon jetzt an, mag sie unsern stillen Wünschen entsprechen, die keine andern sind, als die Verherrlichung Christi in seinem Stellvertreter, ähnlich, wie die Definition der unbefleckten Empfängniß die Verherrlichung Christi in seiner erhabenen Mutter gewesen ist, *) oder mag das Concil die Frage in dem Zustande belassen, worin sie bis zu dieser Stunde noch ist. Ganz gewiß werden auch dann alle guten Kinder der Kirche sich zufrieden geben, sie werden den göttlichen Willen anbeten, der Zeit oder Stunde kennt, welche der Vater seiner Macht

---

*) Dom Guéranger: De la définition de l'infaillibilité papale à propos de la lettre de Mgr. d'Orléans à Mgr. de Malines.

aufbehalten hat. ¹) Die theologische Bedeutung der Doktrin von der päpstlichen Unfehlbarkeit würde in diesem Falle an sich auch keine Einbuße erleiden, die Dinge blieben eben so, wie sie jetzt sind, d. h. die Dekrete der allgemeinen Concilien von Lyon, ²) wonach Streitigkeiten über den Glauben durch das Urtheil des Papstes entschieden werden müssen, und von Florenz, ³) wonach dem Papst im hl. Petrus die volle Gewalt gegeben ist, die ganze Kirche zu weiden, zu leiten und zu regieren, verblieben in ihrer vollen Kraft, mit sammt ihren unabweislichen Consequenzen; die Formula fidei Papae Hormisdae, welche im Jahre 519 für alle von der Häresie oder dem Schisma zurückkehrenden Orientalen aufgestellt und auf dem VIII. allgemeinen Concil von allen Bischöfen zum Ausweis ihres katholischen Glaubens unterschrieben wurde, und von der deßhalb Bossuet schon sagte, daß ein Christ sie nicht verwerfen könne, würde fortfahren zu lehren, daß die ganze Festigkeit der christlichen Religion in dem apostolischen Stuhle ruhe, ⁴) daß der apostolische Stuhl den Glauben immer unversehrt bewahrt habe, ⁵) und daß diejenigen von der Gemeinschaft der katholischen Kirche ge-

¹) Apostelgesch. I. 7.

²) Ipsa quoque sancta Romana Ecclesia summum et plenum primatum super universam Ecclesiam catholicam obtínet; quem se ab ipso Domino in beato Petro apostolorum Principe sive vertice, cujus Romanus Pontifex est successor, cum potestatis plenitudine recepisse, veraciter et humiliter recognoscit. Et sicut prae ceteris tenetur fidei veritatem defendere: sic et quae de fide subortae fuerint quaestiones, suo debent judicio definiri. Labbe, tom. XI. col. 966.

³) Item, definimus sanctam Apostolicam Sedem, et Romanum Pontificem in universum orbem tenere primatum et ipsum Pontificem Romanum successorem esse beati Petri principis Apostolorum, et verum Christi Vicarium, totiusque Ecclesiae Caput et omnium christianorum Patrem ac Doctorem existere; et ipsi in beato Petro pascendi, regendi ac gubernandi universalem Ecclesiam a Domino nostro Jesu Christo plenam potestatem traditam esse; quemadmodum etiam in gestis oecumenicorum Conciliorum, et in sacris Canonibus continetur. Labbe, tom, XIII., col. 515.

⁴) In qua (nämlich Sede Apost. oder wenn man will communione cum Sede Apost.) est integra et verax christianae religionis soliditas.

⁵) Quia in Sede Apostolica immaculata est semper servata religio (im achten Concil wird beigefügt) et sancta celebrata doctrina.

trennt seien, die nicht übereinstimmen mit dem apost. Stuhle; ¹) auch die Condemnation der bekannten Proposition Futilis etc. durch Alexander VIII. ²) bliebe immer noch über den Häuptern der Gegner der päpstlichen Unfehlbarkeit, wie das Dekret Alexanders VII. es über denen der Widersacher der unbefleckten Empfängniß vor der Definition durch Pius IX. gewesen ist; die Wahrheit bliebe immer Wahrheit, die Logik bliebe Logik und der Irrthum bliebe Irrthum. Angesichts zweier Thatsachen endlich, die der Geschichte angehören, und die deßhalb Niemand läugnen kann, derjenigen, daß durch alle christliche Jahrhunderte hindurch, so oft der Römische Bischof in Sachen des Glaubens gesprochen, die Sache für die Kirche entschieden war, und der andern, daß die Dekrete der allgemeinen Concilien ihre Auktorität immer erst nach der Genehmigung durch den Römischen Bischof erlangten, würde auch in Zukunft immer noch der Schluß erlaubt sein, daß die Kirche, welche vom heil. Geiste geleitet ist, sich dabei wenigstens innerlich auf das Gefühl und die Ueberzeugung von der Unfehlbarkeit des Römischen Bischofs gestützt hat und fortwährend stützt. Vorliegende Schrift eines in den Offenbarungsquellen unverkennbar sehr bewanderten Theologen wird nun bei dem gegenwärtigen Stande der Sache, wie vielleicht wenig andere, dazu beitragen „ut rationum momenta, quibus sententia catholica fulcitur, luce clara circumfundantur".

Trier, am Feste des heil. Rockes.

---

¹) Promittens etiam sequestratos a communione ecclesiae catholicae, id est, non consentientes Sedi Apostolicae, eorum nomina inter sacra non esse recitanda mysteria.

²) Futilis et toties convulsa est assertio de Romani Pontificis supra concilium auctoritate, atque in fidei quaestionibus decernendis infallibilitate.

Einleitung.

Da die in unserer Zeit so zahlreichen Feinde Jesu Christi voll der Erbitterung ihren Haß gegen seinen Statthalter auf Erden und zwar vorzüglich gegen dessen erhabenes und unabhängiges Lehramt der Wahrheit gerichtet haben, so müssen die Freunde Christi als Streiter für sein Reich ihrerseits ganz besonders besorgt sein, dieses in seinem Ansehen so heilige und über jede menschliche Würde erhabene Lehramt zu schützen und zu vertheidigen.

Obgleich nun ebenso heilige wie gelehrte Männer die wichtige Wahrheit der katholischen Heilslehre von der obersten Lehrgewalt des Römischen Bischofs längst allseitig und mit den festesten Bollwerken sicher gestellt haben, so ist trotzdem die Lehrgewalt des h. Stuhles auch in den jüngsten Tagen wieder in Büchern, Broschüren und Tagesblättern der Art angegriffen und so Vieles behauptet worden, daß selbst gläubige Herzen in Verwirrung gerathen konnten. Wir dachten daher eine zeitgemäße und fruchtbringende Arbeit zu unternehmen, wenn wir dasjenige, was in Schrift und Vätern gleich Bewanderte in reichstem Maße bereits geboten haben,*) so kurz und verständlich als möglich wieder auseinandersetzen. Theologen mögen sich demnach von diesem Werkchen nichts Neues versprechen. Weßhalb sollten wir auch zaudern, alte Wahrheiten und gediegene Argumente neuerdings darzulegen, da diejenigen, welche verkehrte Ansichten über

---

*) Siehe Melch. Can. De loc. theol. 1. VI. Bellarm. Controv. de Rom. Rontif. I. IV. cap. 2 et sqq.
D' Aguirre, Defensio Cathedrae S. Petri FF. Ballerini, de infallibilitate R. P.; S. Alfons. Lig. Dissertatio de infall. R. P.; Clemens Schrader, über die römische Einheit.

die Hoheit des h. Stuhles hegen, immer wieder die bereits oft widerlegten Behauptungen auftischen und dabei mit ängstlicher Sorgfalt sogar die Grundfesten und die Stützpunkte der wahren Lehre zu verdecken bemüht sind? Warum sollen wir nicht abermals gegnerischen Behauptungen Rede und Antwort stehen? Wir thun es, wollen jedoch dabei hauptsächlich die Beweismomente, welche die katholische Lehre stützen, so klar wie möglich beleuchten.

Der Verfasser.

I.

Worum handelt es sich?

Ist von der kirchlichen Lehrgewalt die Rede, so versteht man darunter nicht die bloße Befähigung und Pflicht, Christi Gesetz fortzupflanzen und die Völker darin zu unterrichten, sondern auch das Recht, die Entgegennahme dieser Lehre und das gläubige Festhalten an ihr zu fordern. Dieses Recht über die Geister konnte der Kirche allerdings nur der verleihen, dem Alles unterworfen ist. Darum beginnt auch Christus, indem er seine Kirche als Lehrerin einsetzte, mit der feierlichen Erklärung: „Mir ist gegeben alle Gewalt im Himmel und auf Erden," und dann fährt er fort: „Gehet hin und lehret alle Völker."*) Demgemäß fordert auch die Kirche, wenn sie denen, welche noch nicht zu ihrer Botmäßigkeit gehören, Christum zum ersten Male verkündigt, auf die Auctorität ihrer göttlichen Sendung hin, die sie beweist, sofort schon Glauben und „wer nicht glaubt, wird verdammt werden."**) Wer aber einmal den Glauben angenommen und wiedergeboren aus dem Wasser und dem h. Geiste dem Verbande der Gläubigen einverleibt ist, gilt auch deßhalb, falls er die lehrende Kirche nicht hört, als ein Heide und öffentlicher Sünder.

Wir stehen hier vor einer Anordnung Gottes, die Niemanden unvernünftig und grausam erscheinen darf, denn Gott hat ja seine Kirche mit solchen Merkmalen und Kennzeichen ausgestattet, daß sie keinem einigermaßen aufmerksamen Betrachter als göttliches Institut verborgen bleiben kann. Mit dem Lehrauftrage gab der Heiland seiner Kirche zugleich die Versicherung, er werde bei ihr sein bis zum Ende der Zeiten, auch werde der h. Geist über sie herabkommen und bei

---
*) Matth. XX.
**) Marc. XVI.

ihr bleiben, um sie in alle Wahrheit einzuführen. Ist es nun unvernünftig, sich Gottes Wort zu unterwerfen, ist es zu viel von uns verlangt, Gott Glauben zu schenken, zumal da derselbe Geist der Wahrheit, der durch die Kirche spricht „Allen die Zustimmung erleichtert und versüßt,"*) und ihnen die Versicherung gibt, daß sie einstens in der Heimath schauen werden, was sie jetzt im Pilgerleben als Gottes Wort glauben? Auf Grund dieser göttlichen Anordnungen hat die Kirche denn auch in der That sich stets das Recht zugesprochen, Glaubensgesetze aufzustellen. Sie hat von den ersten Zeiten an die nothwendigen Glaubensartikel im Symbolum kurz zusammengefaßt und Jeden, der auch nur einen dieser Artikel läugnete, mit Ausschließung aus ihrem Schooße bestraft. In späterer Zeit entwickelte sie zur Abwehr von Irrthümern durch zahlreiche Dekrete diese selben Glaubensartikel und belegte die Andersgläubigen mit dem Banne.

Fragt man nun, in welchem Subjekte denn diese Gewalt ihren Sitz habe, so ist die Antwort: Es verwalten sehr Viele in der Kirche das Lehramt, es sind die den Bischöfen untergeordneten Diener der Kirche, welche von diesen mit der Verwaltung des Lehramtes betraut werden; sie haben und beanspruchen freilich nicht das Recht und die Befugniß, über Glaubensfragen endgültig zu entscheiden; was aber die Bischöfe betrifft, so wird von keinem katholischen Christen beanstandet, daß ihnen außer der Pflicht und Gewalt, zu lehren, auch noch das Recht zusteht, in Glaubenssachen ein Urtheil abzugeben. Erläßt nun aber ein einzelner Bischof oder eine auf einer nicht öcumenischen Synode versammelte Anzahl von Bischöfen ein Dekret, so ist man außerhalb ihrer Diöcesen ohne Weiteres und an sich noch nicht verpflichtet, sich an dasselbe zu halten. Daraus folgt, daß die Bischöfe und Partikularsynoden nicht die Träger der obersten Lehrgewalt sind, weil deren Gewalt sich ja nicht auf die ganze Kirche erstreckt. Die oberste und volle Lehrgewalt wird vielmehr allgemein in den öcumenischen Concilien anerkannt, die nämlich in der rechten Weise also in Verbindung mit dem Papste abgehalten und von ihm bestätigt worden sind. Könnte nun nicht, so ließe sich hier weiter fragen, diese selbe Gewalt und zwar durch allgemeine Zustimmung

---

*) Conc. Araus. cp, 7.

des Concils) dem Papste allein zugestanden werden, da er ja ohne Einsprache das Recht für sich in Anspruch nimmt, Glaubens= dekrete für die ganze Kirche zu erlassen? Diese Frage ist, wie sich bei tieferem Eindringen erweist, durchaus zu verneinen? Eine Ueber= tragung solcher Gewalt von menschlicher Seite ist nicht möglich. Denn die oberste Lehrgewalt in der Kirche kann man sich nur in Ver= bindung mit dem Beistande des heil. Geistes denken, der allein vor jedem Irrthum schützt und in die Erkenntniß der Wahrheit einführt. Christus hat nicht die Verheißung gegeben, der wahre Glaube werde niemals einem einzelnen Gläubigen oder irgend einem Theile der Kirche abhanden kommen; wohl aber hat er ausdrücklich verheißen, die ganze Kirche werde nie in Irrthum fallen, indem sie Falsches für wahr, nicht Offenbartes für offenbart halte. Ihrer Natur nach ist nämlich die Kirche eine Gemeinschaft, die gerade zu dem Zwecke gegründet ist, damit in ihr und durch sie die von Gott geoffenbarte Wahr= heit verkündet und gepflegt werde, daß sie in ihr throne und herrsche. Die Möglichkeit eines Irrthums der Gesammtkirche behaupten, hieße letztere von Grund aus zerstören. Angesichts dieser Consequenz war es steter Glaube aller Katholiken: zugleich mit der vollen Lehrgewalt ist die Körperschaft der Bischöfe, so lange dieselben mit dem Papste verbunden sind, auch mit der Gabe der Unfehlbarkeit aus= gestattet. Allein seit der Kirchenversammlung zu Florenz wird es von Einzelnen in Frage gestellt, ob diese Gabe der Unfehlbarkeit auch dem Papste allein zukomme, d. h. wenn er allein, ohne vor oder nach= herige Zustimmung der Bischöfe, in Sachen des Glaubens entscheidet.

Letztere sprechen nun dem Papste zwar durchaus nicht das Recht ab, außerhalb Concilien und ohne Befragen der Bischöfe Glaubensde= krete zu erlassen, räumen auch ein, daß diesen Erlassen eine verpflich= tende Kraft innewohne, doch halten sie dieselbe für eine precäre, weil sie ja erst durch die Zustimmung der Bischöfe volle und stets bindende Kraft empfingen. Weil der Papst bei Erlassung dieser Dekrete irrthums= fähig gewesen,*) deßhalb seien sie, bevor das Gutachten der Bischöfe hinzutrete, nicht irreformabel.

---

*) Unter den sechs im Jahre 1622 veröffentlichten Thesen der theologischen Fakultät zu Paris und den vom Pariser Parlament für alle Universitäten unter schweren Strafen beigefügten Verordnungen lautet die letzte: **An der Fakultät**

Demnach steht nur das in Frage, ob der Papst auch allein die oberste Lehrgewalt besitzt, oder ob ihm das Recht zusteht, Glaubensdekrete zu erlassen, welche ohne weiteres an und für sich stete Geltung haben, irreformabel sind und folglich jede Möglichkeit eines Irrthums ausschließen. Diese Erklärung des eigentlichen Angelpunktes der ganzen Frage entkräftet schon sofort einige Behauptungen, welche gegen die bejahende Entscheidung der aufgestellten Frage gerichtet sind.

Zunächst ist es unverkennbar etwas Anderes, der Papst kann, wenn er als Papst die Kirche lehrt, nicht irren, und wieder etwas Anderes, der Papst kann im Privatleben oder bei der Verwaltung seines Staatsamtes nicht sündigen. Wie erheblich der zwischen der Impeccabilität und der Infallibilität bestehende Unterschied ist, leuchtet schon aus der allbekannten Unterscheidung zwischen gratia gratum faciens und gratia gratis data ein. Ersterer Art sind jene Gnaden, die den Menschen in den Augen Gottes angenehm und wohlgefällig machen, dadurch daß sie ihn einerseits fern von Sünden und Lastern halten, andererseits mit Tugenden und mit dem Gewande der Heiligkeit zieren. Letzterer Art dagegen sind jene Gnaden, durch die der Mensch zu Thaten ermächtigt wird, deren Ausführung außerhalb des gewöhnlichen Laufes der Dinge liegt z. B. Krankenheilungen, Todtenerweckungen, Weissagungen, worüber der Apostel in seinem ersten Briefe an die Korinther*) ausführlich handelt, indem er lehrt, daß derartige Gaben nicht nothwendig an Heiligkeit der Sitten gebunden seien, welche letztere für unsern Werth vor Gott allein maßgebend ist; Gott verleihe sie aber zum allgemeinen Nutzen der Kirche.

---

existirt nicht die Lehre und das Dogma, daß der Papst ohne die Zustimmung der Kirche unfehlbar sei. In der im Jahre 1682 erschienenen Declaratio cleri Gallicani heißt aber der vierte Satz: Auch in Fragen des Glaubens kommt es hauptsächlich auf das Wort des Papstes an, und seine Dekrete gelten für alle Kirchen und jede einzelne, jedoch ist sein Urtheil nicht irreformabel, ehe die Kirche mit ihrer Zustimmung beigetreten ist.

*) I. Corinth. 12, 14.

Es ist also klar, die Gabe der Impeccabilität — ob sich außer der seligsten Jungfrau noch ein Mensch dieser Gabe zu erfreuen gehabt, wissen wir nicht — gehört zu jener ersten Art, zu den Gnaden, welche uns Gott wohlgefällig machen, die Gabe der Infallibilität aber ist unter die zweite zu rechnen, sie ist eine Gnade, zum Nutzen der Kirche verliehen und mit der Sünde in demselben Subjecte wohl verträglich. Bringen wir zur größeren Klarstellung des Gesagten diese Gabe in Vergleich mit einer andern. Die Inspiration ist eine Gnade höherer Ordnung, als der Beistand, kraft dessen die lehrende Kirche unfehlbar ist. Denn jene ist entweder mit einer Offenbarung verbunden, oder ist doch wenigstens ein derartiger göttlicher Beistand, welcher uns Bürgschaft leistet, daß die unter seinem Einfluß gesprochenen Worte wahrhaft und eigentlich Gottes Worte sind. Der Beistand aber, wie er der Kirche versprochen ist, besteht darin, daß der h. Geist den Menschen bei Erforschung der Offenbarung oder bei Erklärung des Wortes Gottes leitet. Wenn also Inspiration, dann kann mit noch größerem Rechte diese Assistenz des h. Geistes ohne Heiligkeit gedacht werden. In der That ein Balaam hat als Sünder jene erhabene Weissagung über das Volk Gottes ausgesprochen, und nicht genug damit, dies that er gerade im Sündenleben. Ein Kaiphas hatte in jener Rathsversammlung, welche er zur Ermordung des Sohnes Gottes berufen hatte „geweissagt, weil er desselben Jahres Hohepriester war." *) Und nun soll es unzulässig sein beim Papste, da er die ganze Kirche lehrt, den Beistand des h. Geistes anzunehmen aus dem Grunde, weil er nicht heilig ist? Wer also zur Bekämpfung der Lehre der Infallibilität Fehler und Sünden vorschützt, womit sich einzelne Päpste befleckt haben, der ficht mit Schatten.

Ein nicht viel besserer Erfolg krönt Diejenigen, welche zu demselben Zwecke die Schwierigkeit der Definition des Begriffes loqui ex cathedra entgegen halten und übertreiben. Die Vertheidiger der Unfehlbarkeitslehre pflegen die Unmöglichkeit eines Irrthums seitens der Päpste auf den Fall zu beschränken, wenn dieselben ex ca-

---

*) Joh. XI. 51.

thedra sprechen. Aber bei der Frage nach den Requisiten, die erforderlich sind, damit man von einem Papste bestimmt sagen könne, er habe ex cathedra gesprochen, gehen ihre Ansichten auseinander. Hiervon nehmen nun die Gegner Anlaß, diese Frage als so unsicher zu bezeichnen, daß sogar der Begriff der Unfehlbarkeit ein dunkler und räthselhafter sei.*)

In Wahrheit aber ist dieser sicher und klar. Wie so? Ist es nicht an sich schon einleuchtend und stimmen nicht darin Alle überein: ex cathedra sprechen heißt so viel, als das öffentliche Lehramt verwalten? Handelt es sich also darum, ob der Papst, wenn er ex cathedra spricht, unfehlbar sei, so ist, wie gesagt, nur das zu beachten, ob der Papst bei Ausübung der obersten Lehrgewalt oder mit andern Worten, ob er bei einer die ganze Kirche bindenden Entscheidung über Glaubensfragen oder damit Zusammenhangendem irren könne. Ist dieser Begriff der Unfehlbarkeit nicht klar? Das von uns Gesagte geben aber Alle zu.

Worüber streitet man nun? Man fragt, ob man den Papst auch für ex cathedra loquens halten müsse, wenn er zwar den Glauben, oder die Lehre der Kirche auctoritativ ausspricht, aber den Erlaß nur an eine einzelne Provinz richtet und nicht an die Gesammtkirche; ferner, wenn er nicht in eigener Person, wie etwa durch apostolische Briefe, sondern durch von ihm approbirte Decreta Congregationum Entscheidungen ertheilt; ob es genüge, wenn er seinen Willen vermöge seiner Auctorität mit klaren Worten kund gibt, oder ob die Zufügung irgend einer Censur oder des Anathems als Sanktion des Gesetzes nothwendig sei. Wer von dieser Meinungsverschiedenheit sofort auf die Unklarheit des Begriffes der päpstlichen Unfehlbarkeit schließt und deßhalb die Ansicht hegt, als könne die Lehre von der Unfehlbarkeit auch keine klare sein, der besinne sich auf eine Entgegnung, wenn man ihm in gleicher Weise über die Concilien argumentirt. Wir Katholiken bekennen ohne Ausnahme die wirkliche Auctorität der Concilien; aber die oberste und unfehlbare Auctorität sprechen wir den

---

*) „Janus" S. 426 u. p. Observations sur la controverse soulevée relativement à la définition de l'infaillibilité. Lettre de Mgr. l'évêque d'Orléans, pag. 34 sqq.

öcumenischen Concilien allein zu. Zudem sagen wir, daß nicht alle Aussprüche derselben, sondern nur eigentliche Glaubensdekrete durch jene Auctorität unumstößlich feststehen. Gehen nun aber die Ansichten der Theologen nicht auch hier auseinander bei der Frage, unter welchen Bedingungen ein Concil für ein ökumenisches zu halten sei? was bei seiner Berufung, Abhaltung und Bestätigung beobachtet werden müsse, damit es ein legitimes heißen könne? Ist das immer sofort ersichtlich, wie man in den Concilienakten die Glaubensdekrete von den übrigen Beschlüssen unterscheiden könne? Wie nun? Wollte man Jenen, die aus der Meinungsverschiedenheit bezüglich des ex cathedra sprechenden Papstes gegen dessen Unfehlbarkeit argumentiren, einwenden, der Begriff eines öcumenischen und legitimen Concils und der seiner Unfehlbarkeit sei unklar, und deßhalb müsse die ganze Lehre auch über deren Unfehlbarkeit nothwendig eine unsichere und unzuverlässige sein? Wir unsererseits werden sofort antworten, es ist keine andere Folgerung möglich, als diese: Mitunter ist es schwer zu entscheiden, ob ein Concil der Zahl derer einzureihen sei, denen wir die Unfehlbarkeit bestimmt zusprechen, ebenso ob diese oder jene Aussprüche eines Concils zu denen gehören, die nothwendig keinen Irrthum enthalten. Ich frage aber, ist nicht mit vollem Rechte hier dieselbe Antwort an der Stelle, wenn es sich um Infallibilität des ex cathedra sprechenden Papstes handelt? Ergibt sich nicht die eine Folgerung nur aus der erwähnten Meinungsverschiedenheit der Theologen, daß es wohl einmal ungewiß sein könne, ob der Papst ex cathedra gesprochen habe, keineswegs aber, ob seiner Entscheidung ein Irrthum beigemischt sein könne, wenn es einmal feststeht, daß er ex cathedra gesprochen? Deßhalb ist die Behauptung auch falsch, die Kirche könne die Infallibilität des Papstes nicht definiren, es sei denn zuvor die erwähnte vielgestaltige theologische Controverse ganz erledigt. Ein Beispiel aus einem andern Gebiete wird das Verständniß der Sache erleichtern. Wenn die Rechtsgelehrten fragen, was bei der Aufstellung und Veröffentlichung eines Gesetzes beobachtet werden müsse, damit es rechtsgiltig sei, so folgen sie verschiedenen Ansichten. Gesetzt nun, es würde vor das Forum der Kirche die Frage gebracht, ob der Fürst die Gewalt habe, Gesetze zu geben. Wird sie wohl, um ihm dies Recht zuzusprechen, vorher die Streitigkeiten des Rechtskundigen über Bedin-

gungen zur Aufstellung und Publizirung eines Gesetzes hören und ent=
scheiden müssen? Gewiß nicht. Nun, dann wird sie auch dem Papste
die Gewalt zusprechen können, Gesetze in Glaubenssachen zu geben,
ohne daß vorher die Controversen der Theologen †) über die Merk=
male, die ein derartiges Gesetz von andern Vorschriften und Beschlüssen
unterscheiden, beigelegt sind. Die Anwendung ist leicht. Wenn die
Kirche in unserm Falle dies thäte, so wäre die Rechtsfrage, ob dem
Papste eine derartige Gewalt zuständig sei, allerdings erledigt, es erüb=
rigte aber mitunter, wohl verstanden, mitunter, nicht immer und nicht
meistentheils die Beantwortung der Frage nach der thatsächlich statt=
gehabten Ausübung der Gewalt.

---

†) Vergl. Kritik des Gutachtens, das die Majorität der Münchener theol. Fa=
kultät über den Begriff einer päpstlichen Lehrentscheidung ex cathedra abgegeben hat,
von M. Merkle, Prof. der Theologie und bisch. geistl. Rath in Dillingen, pag. 14:
„Was verstehen aber die Theologen unter einer Entscheidung ex cathedra? Geben sie
in übereinstimmender Weise Kriterien an, nach denen man mit Sicherheit bemessen
kann, ob eine päpstliche Lehrentscheidung ex cathedra (oder was dasselbe ist, eine
dogmatische Definition von Seiten des Papstes) erfolgt sei, oder nicht? Auf diese Frage
antwortet Mauro Capellari (Greg. XVI.) in seinem „Triumph des apost. Stuhles"
also: „Damit keine Verwirrung und Unordnung in der Kirche entstehe, muß es
gewisse und offenbare Kennzeichen geben, vermittelst deren man erkennen kann, wann
der Papst feierlich oder ex cathedra seine Entscheidung gibt, oder wann anders.
Das Vorhandensein solcher Kennzeichen ist eben so sicher, wie jene
Unterscheidung." Im Weitern wird errinnert, daß hier nicht blos kirchliche Gewohnheit in Betracht komme, sondern daß es auch solche Kriterien gebe, die als nothwendige Consequenzen aus der Natur und dem Zwecke des Primates
sich ergeben, woraus von selbst klar wird, daß es durchaus unzulässig ist, diese
letztgenannten Kriterien als „willkürliche Hypothesen" zu bezeichnen, so lange man nicht
an dem Primate selbst, wie dies (Pseudo) Janus thut, rütteln will."
Dreierlei stellt Merkle sodann im Verlaufe seiner Broschüre mit allem Erfolg
fest: 1) die Behauptung, es gebe keine Kriterien einer locutio ex cathedra, die von
den Vertheidigern der päpstl. Unfehlbarkeit übereinstimmend anerkannt würden, ist
historisch evident unrichtig, insoweit es sich um negative Kriterien handelt, die in
der vorliegenden Frage nicht geringen Werth haben. 2) Diese Behauptung ist auch
historisch unrichtig in positiver Hinsicht, da es wirklich positive Kriterien gibt, die
von allen Vertheidigern der päpstlichen Unfehlbarkeit übereinstimmend anerkannt
werden. 3) Auf den Dissensus, welcher unter den Theologen in einigen hieher bezüglichen Fragen herrscht, kann vom praktischen Standpunkte durchaus nicht
jenes Gewicht gelegt werden, welches Janus und das Majoritätsvotum darauf legen.

Doch überlassen wir Andern die Beurtheilung der Opportunität und der Art und Weise dieser Definition; wir wollen uns nach den Grundlagen dieser Lehre selbst umsehen.

II.
Die Gewalt des Papstes, über Glaubensfachen Gesetze zu geben, wird durch die h. Schrift bestätigt. †)

Jeder, der den Primat des Papstes in der Kirche auch nur mit etwas aufmerksamem Blicke betrachtet, muß sofort einräumen, daß zugleich mit dem Primat dem h. Petrus und seinen Nachfolgern die Gewalt übertragen wurde, der Kirche in Betreff des Glaubens Gesetze zu geben. Ist nämlich in Wirklichkeit der Primat ein Primat nicht bloß der Ehre, sondern auch der Gerichtsbarkeit, so besteht er doch in der Gewalt, und zwar in der ersten und obersten Gewalt, die Kirche durch Gesetze zu regieren. Was wäre das aber für eine Gewalt, wenn es dem Papste verwehrt wäre, gerade über das, wodurch das Wohl der Kirche zumeist bedingt ist, über den Glauben Bestimmungen zu erlassen? Allein Gott hat gesorgt: diese Macht läßt sich evident aus

---

†) Wenn Mgr. Dupanloup an Mgr. Dechamps schreibt: „Es ist nothwendig, „daß es in der Kirche eine infallibele Auktorität gibt, aber es ist nicht nothwendig, daß „diese Auctorität der Papst allein sein müsse. Ist es denn nicht genug, wenn dieses „die Auctorität des Papstes in Vereinigung mit den Bischöfen ist?", so zeigt sich uns in dieser Frage sofort ein großes Mißverständniß. Sobald wir in unserm Traktate de Ecclesia philosophisch bewiesen haben, daß ein judex controversiarum nothwendig ist, und daß dieser unfehlbar sein muß, da erklären wir auch sofort schon, daß die nähere Bestimmung und Angabe, wer dieser judex sei, der Offenbarung angehöre und eine rein dogmatische Frage sei. Es handelt sich durchaus nicht darum, ob es uns genügend erscheint, eine unfehlbare Auctorität in dem mit dem Papste vereinigten Collegium der Bischöfe zu besitzen, die Frage ist einfach die: welchen Organen hat Christus das Privilegium der Unfehlbarkeit anvertraut? Von Bedeutung muß hier allerdings schon die beständige Praxis der Kirche für uns sein, und fällt sie uns auch offenbar zuerst in die Augen; sie ist uns Merkmal ihres eigenen inneren Bewußtseins. Auch die Tradition der Väter wird uns dies Bewußtsein kund thun. Aber wenn dann gleichzeitig drei Stellen des Evangeliums ausdrücklich dasselbe zu lehren scheinen, darf man dann noch sagen: diese oder jene Einrichtung ist nicht nothwendig? Es handelt sich hier um eine geoffenbarte Thatsache, und nicht um ein Raisonnement

den Worten Jesu Christi herleiten, in denen er den Primat verhieß. Als er nämlich den Namen Simon änderte mit den Worten: „Du bist Petrus — (der Fels) — und auf diesen Felsen will ich meine Kirche bauen und die Pforten der Hölle werden sie nicht überwältigen;" da gab er die Verheißung, die Kirche werde durch Petrus allzeit fortbestehen. Wie nun aber in einem Jeden von uns der Glaube Fundament und Wurzel aller Gerechtigkeit ist, so stützt sich zweifelsohne auch jedes Gut der Kirche auf den Glauben als Fundament, und wie der, welcher nur von einem einzigen Glaubenssatze der Kirche abgeht, von der Kirche selbst sich trennt, so würde die Kirche selbst zu Grunde gehen, sobald sie in irgend einem Punkte vom wahren Glauben abirrte. Soll sie daher nach der Verheißung Christi durch Petrus gegen die Höllenpforten unerschüttert feststehen, so muß Petrus die Gewalt empfangen haben, sie im wahren Glauben zu erhalten. Ist diese Gewalt vielleicht eine andere, als die hier in Frage stehende, nämlich die, zu bestimmen, welchen Glauben die ganze Kirche festhalten muß? Wenn er nicht das Recht zu lehren von Gott empfangen hat, dem in der Kirche die Pflicht zu hören entspricht, wie kann er sie dann im Glauben bewahren?

Ebenso klar läßt sich dieses aus der nothwendigen Einheit der Kirche Christi herleiten. Die Kirche ist nothwendig eine einheitliche; ohne dieses Band der Einheit würde sie zusammenstürzen wie ein Bau, dessen Fugen auseinander getrieben werden. Sie ist nun aber eine einzige zunächst und zumeist durch das Bekenntniß Eines Glaubens. Wir setzen also wieder an: Wenn die Kirche durch Petrus feststeht, — feststehen aber kann sie nur durch das Bekenntniß Eines und desselben Glaubens — so muß Petrus mit der Macht betraut sein, sie in der Einheit des Glaubens zu erhalten. Es ergibt sich also die nothwendige Schlußfolge, Petrus sei bevollmächtigt, den Einen Glauben zu definiren, welchen Alle bekennen müssen.

Diese Beweisführung findet übrigens ihre Bestätigung sogar in den gewöhnlichen Einwürfen der Häretiker gegen unsere Beweise, die wir für den Primat Petri aus Christi Worten ziehen.

Mehrere Väter nämlich, sagen sie, erklären die Worte Christi nicht von Petrus, sondern von dem Glauben, den Petrus offen bekannt hatte mit den Worten: „Du bist Christus, der Sohn des lebendigen

Gottes". Was pflegen wir ihnen zu erwiedern? Wir beweisen ihnen aus den Zeugnissen jener selben Väter, daß sie nicht vom Glauben absolut, sondern vom Glauben Petri sprechen; sie führen nämlich den Grund an sowohl weßwegen (causa ob quam) Petrus vom Herrn selig gepriesen wird, als auch wodurch (causa per quam) er Fundament der Kirche ist. Wie nämlich nicht der Glaube selbst, sondern Petrus wegen seines Glaubens, den er als Erster der Apostel aus göttlicher Offenbarung empfing und offen bekannte, selig gepriesen wird: so auch ist nicht der Glaube, sondern Petrus durch den Glauben das Fundament, auf dem die Kirche unerschüttert feststeht. Aber dieser Glaube, durch welchen er die Kirche festigt, ist nicht jener, in welchem er selber die Tugend des Glaubens geübt hat — denn durch diese ist er persönlich heilig geworden und herrscht mit Christo im Himmel —, sondern der Glaube, durch welchen er die Kirche festigt, ist vielmehr derjenige, den er „als einer der Gewalt hat" selber gepredigt hat und predigt in seinen Nachfolgern, d. h. es ist das durch seine Auctorität unabänderlich feststehende Glaubensbekenntniß.

Während er aber durch dieses auch bereits auf Erden mit Christo und an Christi Statt regiert, nimmt er eine zweite Verheißung entgegen: „Dir will ich die Schlüssel des Himmelreiches geben; und was immer du binden wirst auf Erden, soll auch im Himmel gebunden sein und was immer du lösen wirst auf Erden, soll auch im Himmel gelöset sein." Nach dem Völkerbrauche wird durch Ueberreichung der Schlüssel der Empfänger derselben entweder als Herr (dominus loci) oder als oberster Stellvertreter des Herrn hingestellt. Hier nun, wo Rede ist von den Schlüsseln eines Reiches, wird durch deren Ueberantwortung die Pflicht und Befugniß, an Stelle des Königs zu herrschen, symbolisch dargestellt. Ausführlicher wird dies noch erklärt in den folgenden Worten, die von der Gewalt zu binden und zu lösen reden. Der Ausdruck „auf Erden binden und lösen" nöthigt zu dem Schlusse, daß man unter dem Himmelreiche hier, wie oft an anderen Stellen das Reich Christi auf Erden zu verstehen habe, und das ist die Kirche. Ueber den Zweck dieses Reiches aber hat der Herr sich selbst ausgesprochen. Als er nämlich nach den Worten: „Mein Reich ist nicht von dieser Welt" von Pilatus gefragt wurde: „Du bist also ein König?" antwortete er: „Du sagst es; ich bin ein König. Ich bin dazu geboren und in die Welt gekommen, damit ich der Wahrheit Zeugniß gebe."*) Wenn das also der Endzweck des Reiches Christi auf Erden ist, daß in demselben und durch dasselbe der Wahrheit Zeugniß werde; hat dann, frage ich, Christi Stellvertreter überhaupt noch eine Gewalt, wenn er nicht die hat, für die Wahrheit zu zeugen? Wenn es ihm zwar zusteht, zu lehren, nicht aber die Glaubens- und Lehrsätze zu bestimmen, so daß er wie auch Andere durch seine Lehre irgendwie nützlich sein, nicht aber wie ein Fürst befehlen kann, auf daß in der Kirche und durch die Kirche der Wahrheit Zeugniß werde? Kann man sich etwas Absurderes denken, als annehmen, es sei Jemand im Besitze der Vollgewalt, an Königs Statt zu regieren, und diese Gewalt erstrecke sich nicht einmal so weit, daß der primäre Zweck des Reiches auch nur berührt wird?

Das also halten wir, auf die sonnenklare Verheißung Jesu Christi gestützt fest, daß der Principat Petri vor Allem das Recht in sich begreift, zu bestimmen, welche Wahrheit die Kirche glauben und bekennen müsse.

Wird uns ferner in jenem weiteren Auftrag des Herrn an Petrus, laut dessen er ihn zum Hirten seiner Herde stellte, nicht ganz das Nämliche bestätigt? „Weide meine Lämmer, weide meine Schafe," spricht er. Hiermit werden solche, welche Christo angehören, dem Petrus überwiesen, damit er sie weide d. h. sie mit der Heilslehre nähre. Daß aber besagter Auftrag auf die ganze Herde Christi auszudehnen ist, sagt jedem der Wortlaut selbst. Denn was heißt „meine Lämmer," „meine Schafe," anders als „meine Herde," „mein Schafstall"? Und da man von Christus, der ewigen Wahrheit, nicht annehmen kann, er habe bei Wiederholung seines Auftrages so zufällig und ohne Grund verschiedene Bezeichnungen gebraucht: was anders wollte er dann mit den Lämmern und Schafen bezeichnen, als die höher und niedrigerstehenden Mitglieder seiner Kirche? An dieser Stelle dürfen wir die Lesart beim hl. Ambrosius und beim h. Maximus nicht unbeachtet lassen. Diese haben nämlich: „Weide meine Lämmer," „weide meine Schäfchen," „weide meine Schafe," was uns zu der Vermu-

---
*) Joh. XVIII.

thung berechtigt, es habe im griechischen Texte nicht wie jetzt ἄρνια (Lämmer), πρόβατα (Schafe), προβατα (Schafe), sondern vielmehr προβάτια (Schäfchen), dann προβατα (Schafe) gestanden. Mögen nun durch diese Namen die Anfänger, die Wachsenden und die Vollkommenen, oder die Laien, Priester und Bischöfe bezeichnet werden; das ist gewiß, es ist die Gesammtheit der Gläubigen damit gemeint. Den Ausdruck „weiden" nun kann man allerdings zunächst auf die Versorgung der Herde mit Nahrung beziehen: aber die Aufgabe eines Hirten besteht doch nicht so sehr darin, der Herde Nahrung zu reichen, als vielmehr darin, sie zu führen und zu leiten, daß sie gesunde Weiden finde und sicher auf ihnen grase. Dieses aber kann der oberste Hirte der Kirche nur dann bieten, wenn er im Besitze jener öffentlichen Lehrgewalt ist, kraft deren er die Wahrheit vom Irrthume unterscheidet und die heilsame und verderbliche Lehre kennzeichnet, kennzeichnet mit der Auctorität, welcher die ganze Herde zu folgen verpflichtet ist.

Um dieses Argument zum vollen Abschluß zu bringen, liegt uns nun noch der Beweis ob: das von Christo dem Herrn auf Petrus übertragene Privilegium dauert auch in seinen Nachfolgern, den Römischen Bischöfen fort. Diesen Nachweis noch zu liefern wäre uns allerdings gar nicht eingefallen, wenn nicht in neuester Zeit erst die kecke Behauptung aufgestellt worden wäre, keiner von den hh. Vätern, welche vor dem 7. Jahrhundert glänzten, habe bei Erklärung der besprochenen Stelle des h. Evangeliums die Worte Christi von den Päpsten, als den Nachfolgern Petri verstanden.*) Wie ist aber diese Behauptung so ganz aller Beweise bar! Was liegt denn daran, ob jene hh. Männer in ihren Evangelien-Commentaren oder in sonstigen Schriften den Principat des Römischen Stuhles aus den von Gott dem Petrus gegebenen Verheißungen und Aufträgen herleiten? Sind sie uns nicht in dem einen wie in dem andern Falle Zeugen der die Schrift erklärenden Traditon? Wir wollen daher aus der überaus großen Zahl, die wir citiren könnten, wenigstens Einige vorführen. So klagt der h. Cyprian, „der böse Feind entreiße der Kirche jene „Glieder . . . ., welche in der Finsterniß wandeln und wähnen,

---

*) Janus S. ff.

„sie hätten das Licht ….., indem sie die Nacht für Tag halten „und mit der Maske des Glaubens ihren Unglauben verdecken." Im weiteren Verlauf sagt er: „Geliebte Brüder, dies geschieht darum, „weil man nicht an den Urquell der Wahrheit zurückgeht, weder das „Oberhaupt befragt, noch die Doktrin des himmlischen Lehrers „bewahrt. Wer dieses betrachtet und erwägt, ist keiner langen Ab= „handlung und keiner Beweise benöthigt. Der Beweis für die Wahr= „heit unseres Glaubens ist dann sehr einfach, wenn man sich an „denjenigen hält, der das Compendium der Wahrheit „ist. Es spricht der Herr zu Petrus: Ich sage Dir u. s. w; und „wiederum spricht er nach der Auferstehung zu demselben: Weide meine „Schafe."*) Und so beweist der h. Cyprian aus den Aufträgen und Verheißungen Christi an Petrus, wie leicht bei der Frage nach dem wahren Glauben Jeder im entscheidenden Zeitmomente die Wahrheit finden könne. Daraus geht doch klar hervor, daß die Aufträge und Verheißungen Christi auch für die Nachfolger Petri Geltung haben. Auch der heilige Ambrosius äußert sich über dieselben Worte des Heilandes. Zuerst versichert er, Petrus sei wahrlich nicht anders als durch den Glauben zum Fundament der Kirche gesetzt worden; dann fährt er fort: „Da die Kirche wie ein tüchtiges Schiff von zahlreichen Fluthen Stöße erhält, so muß das Fundament der Kirche gegen alle Häresien feststehen."**) Also auch dieser bekräftigt, daß, was dem Petrus gegeben, auch seinen Nachfolgern verliehen sei. Noch ausdrücklicher spricht sich aber der h. Augustinus aus: „Zählet die Priester wenn ihr wollt, von dem Lehrstuhle des Ersten, des h. Petrus an und sehet, wie in dieser Reihe ein Vater dem andern folget: das ist der Fels, den die stolzen Höllenpforten nicht überwäl= tigen."***) Leo der Große citirt aber diese Stelle des Evange= liums, die Augustinus im Auge hat, ganz und fügt hinzu: „Es bleibt also die Ordnung der Wahrheit fortbestehen und der h. Petrus, welcher in der empfangenen Felsenfestigkeit verharrt, verläßt das in seine Hände gelegte Steuerruder der Kirche nicht." ****)

*) De unitate eccl. gleich im Anfang.
**) De incarn. Domin. sacram c. 5. u. 34.
***) Ps. cont. part. Donat. Op, tom. IX.
****) Serm. 3 (al. 2) und Serm. 5.

Ein wenig weiter heißt es: „Petri Machtvollkommenheit lebt fort auf seinem Lehrstuhle und sein Ansehen ist hervorragend." *) Damit es nun aber nicht das Ansehen gewinne, als stützten wir uns blos auf Aussprüche der Abendländer, so wollen w:r sofort auch Morgenländer hören und zwar Viele zusammen. Eine Versammlung orientalischer Bischöfe überreichte dem Papste Symmachus, dessen Regierung mit dem Jahre 498 begann, ein Schreiben, worin es heißt: „Denn du durchschauest ja seinen Geist, der du tagtäglich von deinem h. Lehrer Petrus gelehret wirst, die Schafe Christi zu weiden, die dir auf dem ganzen Erdkreis anvertraut sind, und die nicht gezwungen, sondern in freier Zustimmung zusammengehalten werden." Nach ihrer Ansicht ist also der Auftrag des göttlichen Erlösers, durch welchen Petrus als Hirt der Gesammtkirche hingestellt wurde, ebenso auf Petri Nachfolger, als auf ihn selbst auszudehnen. Dasselbe bezeugt von dieser Verheißung Georg von Trapezunt, der die Worte Jesu: Du bist Petrus u. s. w. anführt und fortfährt: „Daß unser Heiland diese Worte auf die Römische Kirche bezieht, erhellt daraus, daß ihr mit der Gnade Christi die Höllenpforten, die Zungen der Ketzer, Nichts anhaben können." **) Stephan, Bischof von Dor, beklagt sich in einer dem Papste Martin auf einem Römischen Concil im Namen der orientalischen Bischöfe überreichten Bittschrift über die Schaaren der Monotheleten, vor denen er seine Zuflucht zum Römischen Stuhl nehme, weil dieser „an der Spitze Aller stehe und der oberste und erste sei;" und „weil von Anfang an derselbe gewohnt gewesen sei, durch seine apostolische Auctorität und Machtvollkommenheit die von den Häresien geschlagenen Wunden zu heilen." Das geschehe aber so, sagt er weiter und führt die Worte des göttlichen Erlösers selbst an, weil „Petrus die Schlüssel des Himmelreiches empfangen habe mit dem Auftrage, die Schafe der katholischen Kirche zu weiden" und „seine hart geprüften Brüder zu stärken." ***)

So sehen wir im Oriente nicht minder wie im Occidente, daß die Ueberzeugung, die dem Petrus ertheilte Machtvollkommenheit sei

---

*) Mansi, Conc. coll. tom. VIII. p. 221.
**) De una sancta apostol. eccl. n. 7: bei Leo Allat. t. 1. p. 550.
***) Conc.-Later. I. unter Martin. bei Harb. Conc. Sammlung Bd. III. S. 712.

auf die Römischen Bischöfe, als auf seine Nachfolger, übergegangen, eine allgemeine ist. Wir brauchen uns also nicht zu wundern, wenn die Väter bei Erklärung der Worte Christi sehr oft sogar Petrus allein im Munde führen, wobei sie von der Annahme ausgehen, es sei, was von diesem im Evangelium bewiesen, auch vom Papst zu Rom bewiesen. Wenn daher Chrysostomus den Petrus „Grundlage der Kirche,"*) „Grundlage des Glaubens,"**) „Haupt des Apostelchores," „Vorsteher des Erdkreises," „Fundament der Kirche"***) nennt; wenn durch ihn „die Kirche inmitten zahllos thürmender Wogen felsenfest wird,"****) wenn er sagt: „Jakobus sei der Bischofssitz von Jerusalem zugetheilt, Petrus aber von Christus als Lehrer des ganzen Erdkreises aufgestellt worden", a) wenn Origines die zu Petrus gesprochenen Worte viel ausgezeichneter nennt, als die zu den übrigen Aposteln gesprochenen, da ihm die Schlüssel des Himmelreichs verheißen worden; b) wenn in der bekannten Liturgie der Griechen zu lesen ist: „Auf den Felsen deiner Gotteskenntniß hat der Herr Jesus seine Kirche unerschütterlich festgegründet und in ihr preisen wir dich, Apostel Petrus; als Grundstein bist du gelegt den Seelen der Gläubigen, Felsenmann von großer Bedeutung, Glaubensfels", c) dann müssen wir das Alles als vom Papste zu Rom gesprochen hinnehmen, und umsomehr dieses, weil diesen Männern ganz vorzüglich die Aufgabe vorschwebte, die stete Festigkeit der Kirche und die Wohlthaten, welche sie uns ohne Unterlaß von Gott vermittelt, durch Lobpreis zu erheben.

---

*) Auf jenes: Vidi Dominum. Hom. 4, n. 3.
**) Contra ludos et theatra.
***) Auf jenes: Hoc scitote; Opp. t. VI. p. 124, 273, 282.
****) Jn. Matth. Hom. 54, (al. 55.) n. 2.
a) Jn Joann. Hom. 88.
b) Jn Matth. Hom. 14. n. 31.
c) Flosculum veritatis de eccl. unione ex variis Orient. eccl. libris stud, RR. PP. O. S. B. collect. et edit. Romae 1862.

III.

Die Gewalt des Papstes, in Glaubenssachen Gesetze zu geben und zu lehren, ist die oberste, und deßhalb ist sie unfehlbar.

Mit den bisherigen Erörterungen, so dürfte Mancher glauben, sei bereits unser Zweck vollständig erreicht; und in der That ist dem so, wenn man die Sache unbefangen erwägt. Denn so war unser Beweisgang: Damit die Kirche durch Petrus fest und unerschütterlich bestehen kann, muß sie durch Petrus vor Allem im Glauben Christi erhalten werden. Dies ist aber nur dann möglich, wenn Petrus die Gewalt besitzt, **in Betreff des Glaubens zu entscheiden,** und die Kirche zugleich verpflichtet ist, seinen Entscheidungen zu gehorsamen. Ergibt sich nun aber daraus nicht nothwendig: Wenn Petrus in der Ausübung dieser Gewalt **nicht frei von jeglicher Gefahr des Irrthums** ist, dann ist dieselbe weder geeignet, die Kirche im wahren Glauben Christi zu erhalten, noch konnte auf der andern Seite die Kirche, der ewige Dauer verheißen ist, zur Unterwerfung unter seine Entscheidungen verpflichtet werden? Weiter sagten wir: Das Reich Christi auf Erden ist **zu dem Zwecke gegründet,** daß in demselben und durch dasselbe der Wahrheit Zeugniß gegeben werde. Wenn also Petrus in diesem Reiche die Gewalt, welche durch die Schlüssel symbolisirt ist, wenn er das Recht zu binden und zu lösen hat, dann muß dies Recht und jene Gewalt zunächst und zumeist **auf die Bezeugung der Wahrheit** sich beziehen, wenn anders der primäre Zweck des Reiches Christi dadurch erreicht werden soll. Wenn nun aber Petrus bei der Bezeugung der Wahrheit irrt, dann wird dieser Zweck nicht nur nicht erreicht, sondern geradezu vereitelt. Also durfte ihm entweder keine derartige Gewalt eingeräumt werden, oder nur eine solche, die dem Irrthum nicht zugänglich ist. Endlich schlossen wir: Wenn die ganze Herde Christi dem Petrus zur Weide anvertraut worden, so wurde auch der Herde die Pflicht auferlegt, dem Petrus zu folgen. Nun aber kann kein vernünftiger Mensch der ganzen Herde Christi eine solche Pflicht auferlegen, wenn nicht über

allen Zweifel erhaben ist, daß Petrus nur die wahre Heils=
lehre vorträgt. So nöthigen uns die Zeugnisse der h. Schrift
geradezu dem Petrus und seinen Nachfolgern die Gabe der Unfehlbar=
keit zuzusprechen, zumal da unsere Erklärung dieser Zeugnisse durch
das Ansehen der hh. Väter und der alten Kirchen gestützt wird. †)

Freilich antworten die Andersdenkenden, jene Gewalt, Glaubens=
fragen zu entscheiden, sei in Wirklichkeit den Päpsten in Petrus ver=
liehen worden, allein die Dekrete, welche er veröffentlichte, hätten
weder für immer bindende Kraft, noch seien sie ganz zuverläßig, es
sei denn, daß die Zustimmung der Bischöfe bereits vorher nachge=
sucht, oder nachträglich noch hinzugekommen sei. Da nun die Worte
Christi, in denen er dem Petrus einfach und absolut die oberste Ge=
walt zuertheilt, eine solche Ausnahme oder Bedingung nicht erlauben,
so stützen sie ihre Behauptung mit dem Einwande, den übrigen Apo=
steln sei Aehnliches wie dem Petrus verheißen und verliehen worden.
Auch sie würden Fundament der Kirche genannt; auch ihnen sei die
Gewalt zu binden und zu lösen gegeben; auch zu ihnen habe der
Herr gesprochen: „Lehret alle Völker," und habe ihnen so seinen und
des h. Geistes Beistand, der sie vor allem Irrthum bewahren solle,
verheißen. So müsse man die Verheißungen und Aufträge, die der
Heiland dem Petrus gegeben, erklären, damit dadurch jene andern, in
denen das Ansehen und die Würde der Bischöfe ausgesprochen
wird, nicht vereitelt würden. Das würden sie aber, wenn die Lehr=
gewalt des Papstes auch ohne die Zustimmung der Bischöfe die oberste,
und außer aller Gefahr des Irrthums wäre, und hielte man dies fest,
so bliebe den Bischöfen nichts anderes übrig, als sich unter die päpst=
lichen Dekrete zu beugen. Folglich hätten die Bischöfe gar keine Ge=
walt mehr, zu urtheilen und zu entscheiden, und auch die Concilien
seien ganz unnütz. *)

Hierauf antworten wir: Zweifelsohne müssen die an Petrus und
die an die Gesammtheit der Apostel ergangenen Worte so ausgelegt
werden, daß die einen die andern nicht aufheben. Es ist aber leicht

---

†) Vergl. Antijanus S. 39 u. ff. und Dom Guéranger, De la Monarchie
pontificale à propos du livre de Mgr. L'évêque de Sura pag. 140 § 1. Infaillibilité personelle du pontife romain, a-t-elle son fondement dans l'Ecriture?
*) Erwägungen n. 5. Observations pag. 49. 50.

u beweisen, daß das Recht und die erhabene Würde des h. Stuhles, vie dieselben durch Christi Worte gesichert sind, verletzt oder ganz zu nichte gemacht werden, wenn jene Zustimmung der Bischöfe als nothwendige Bedingung angenommen wird, daß aber keineswegs mit der Läugnung der Nothwendigkeit dieser Zustimmung die den Bischöfen, als den Nachfolgern der Apostel, ertheilten Rechte fallen. Vor Allem muß man bemerken: Sobald jene Einwürfe Kraft und Geltung haben, stoßen sie nicht bloß die oberste Lehrgewalt, sondern den ganzen Primat des Papstes über den Haufen; und in der That sind gerade die Gründe von den eigentlichen Gegnern des Primates adoptirt worden.

Es ist darum gerechtfertigt, unsern Gegnern in vorliegender Frage dieselbe Antwort zu geben, die man den Gegnern des Primates schon längst gab. Wenn Christus wirklich das, was er den Aposteln und ihren Nachfolgern, auch dem Petrus allein und seinen Nachfolgern, und zwar auf noch viel feierlichere Weise verliehen hat, so ist Nichts natürlicher, als daß dieselbe Macht und Gewalt, welche dem ganzen Collegium eignet, auch dem Haupte allein inne wohnt. Aber noch mehr. Der Gesammtheit der Apostel wurde nicht vollkommen dasselbe verheißen und verliehen, wie dem Petrus; denn erstens, und darauf machen schon Origines[*] und Andere[**] aufmerksam, erging an Petrus allein das Wort: „Dir will ich die Schlüssel des Himmelreiches geben." Obgleich nun nach dem Gedanken eines der jüngsten Einwürfe die Schlüsselgewalt nicht in dem Sinne sich von der Gewalt zu binden und zu lösen unterscheidet, daß dieselbe sich auf Anderes bezieht, so hat doch die Uebergabe der Schlüssel an einen Einzigen offenbar die Bedeutung, daß diesem Einen eben beim Binden und Lösen der Primat zukomme. —

[*] In Matth. Hom. 12, n. 11, et Hom. 14, n. 31, wo wir lesen: „Privatim (ἰδίᾳ) illud Petro attributum est: Dabo claves regni coelorum, priusquam, illud: Quaecunque alligaveritis super terram etc. Ac sane si ad evangelica scripta animum diligenter appellamus, ibi magnum inveniemus discrimen et excellentiam eorum, quae Petro prae iis, quae aliis dicta sunt, etiam in iis rebus, quae Petrum inter et eos, qui ter fratres objurgarunt' communes esse videntur".

[**] H. Basilius. De judicio Dei, a. 7 (ed Mign. t. III. p. 671); Sim. Metaphr. de peccato, VII. n. 5, (ed Mign. tom. IV. p. 1203).

Mag man sodann noch beanstanden, ob durch die Schafe, die der Herr dem Petrus neben den Lämmern zum Weiden übergab, die Bischöfe bezeichnet werden; das wenigstens kann man, wie bereits erwähnt, nicht läugnen, daß durch die verschiedenen vom Heiland gebrauchten Ausdrücke die gesammte Herde bezeichnet wird. Zu dieser gehören aber auch die Bischöfe, und sie sind darum gehalten, dem Nachfolger Petri, als ihrem obersten Hirten zu folgen. — Endlich sprach der Heiland zu Petrus: „Ich habe für dich gebetet, daß dein Glaube nicht wanke, und wenn du einst bekehret bist, so stärke deine Brüder." *) Zunächst verheißt hier der Heiland dem Petrus mit ausdrücklichen Worten Beharrlichkeit im Glauben, und für die Gewißheit ihrer ewigen Dauer leistet uns die Wirkung des Gebetes Christi die sicherste Bürgschaft. Zweitens empfängt Petrus den Auftrag, seine Brüder zu stärken, und zu diesem Zwecke soll er von der ihm eignenden Glaubensfestigkeit Gebrauch machen. Wer sind aber diese Brüder? Vornehmlich die übrigen Apostel.

Wenn man diese Worte Christi auf Petrus als das Haupt der Kirche und den Fürsten der Apostel bezieht, so löst sich der Einwurf der Gegner in Dunst auf. Das hat der Verfasser der Erwägungen **) recht wohl erkannt. Deßhalb verbreitet er sich auch in ferneren Erwägungen, in denen er Bischöfen, Bischöfen sage ich, ganz wie ein Professor von der Catheder herab über diesen Gegenstand Vorschriften zu machen sich vermißt, und er sucht weitläufig zu beweisen, daß sich diese Verheißung und der daran geknüpfte Auftrag Christi blos auf die Zeit seines Leidens erstrecke. Wie in den meisten anderen Dingen, so folgt er auch in diesem Punkte Launoi, ***) dessen Werke längst von der Kirche gerichtet und verboten sind, ein Blinder dem Blinden, und behauptet, so werde Christi Ausspruch von allen Vätern erklärt; auf den römischen Lehrstuhl aber sei er zuerst von Papst Agatho bezogen worden, als derselbe nämlich in einem Briefe an das Concil zu Constantinopel die Verurtheilung seines Vorgängers Honorius zu verhindern suchte.

---
*) Luc. XXII.
**) Erwägungen für die Bischöfe des Conciliums über die Frage der päpstlichen Unfehlbarkeit.
***) Epistol. 1. V. ep. 5.

Allein der h. Ambrosius lebte vor Agatho. Derselbe schreibt: „Zu Petrus sprach er (Jesus): Ich habe für dich gebetet, daß dein Glaube nicht wanke. Demselben, der bei einer früheren Gelegenheit die Worte sprach: „Du bist Christus der Sohn des lebendigen Gottes", antwortete er: Du bist Petrus und auf diesen Felsen will ich meine Kirche bauen, und dir will ich die Schlüssel des Himmelreiches übergeben. Christus hätte den Glauben dessen nicht stärken können, dem er aus eigener Machtvollkommenheit das Reich gab? Unmöglich. Indem er ihn Felsen nennt, bezeichnet er ihn als das Fundament der Kirche."*) Offenbar bezieht hier der h. Ambrosius die Worte Christi von der Kräftigung seiner Brüder im Glauben ebenso wie die von dem Felsen, auf dem er seine Kirche erbauen wolle, auf das oberste Hirtenamt, das in den Nachfolgern Petri ewig fortdauern soll. So erklärt auch der h. Cyrillus die Stelle: „Wenn du einmal bekehrt sein wirst, so stärke deine Brüder", also: „Sei Stütze und Lehrer derer, die durch den Glauben zu mir kommen".**) Der h. Leo der Große sagt: „Wir ermahnen euch, dem Könige der Ewigkeit, unserm Herrn Jesu Christo, Dank zu sagen, weil er so hohe Gewalt dem gegeben, welchen er zum Fürsten seiner Kirche machte; so daß, wenn die Päpste auch in unserer Zeit in der rechten Weise handeln und anordnen, dies dem Werke und der Leitung dessen zuzuschreiben ist, dem gesagt wurde: Und wenn du einst bekehret bist, so stärke deine Brüder, und zu dem der Heiland nach seiner Auferstehung . . . . . . gesagt: Weide meine Schafe."***) Auch der h. Gregor der Große spricht: „Alle Schriftverständigen wissen, daß der Herr dem h. Petrus, dem Fürsten aller Apostel, durch sein Wort die Sorge für die ganze Kirche anvertraut hat. Zu ihm nämlich sprach er: „Petrus liebst du mich? Weide meine Schafe;" zu demselben: „. . . . . Ich habe für dich gebetet, daß dein Glaube nicht wanke, und wenn du einmal bekehret sein wirst, stärke deine Brüder;" ein anderMal: „Du bist Petrus u. s. w."****) Daraus

---

*) De fidei l. V., c. 4.
**) N. PP. Bibl. t. II., p. 429 edit. Mai, der zu dieser Stelle bemerkt: „Daraus kannst du sehen, daß dem Petrus und folglich seinen Nachfolgern das Privilegium von Christus dem Herrn gegeben wurde."
***) Serm. 4. (al. 3.) n. 4.
****) Epist. l. IV. Ep. 32 ad Maurit. Imp. Cf. Epist. l. VI. Ep. 37.

springt auch klar in die Augen, daß die hh. Lehrer ebenso wie die spätern Theologen diese drei Zeugnisse in Verbindung bringen, daß sie darin den Primat des h. Stuhles und zwar den Primat der Lehrgewalt erblicken.

Aber noch vor Gregor hatte schon Papst Gelasius geschrieben, ihm liege die Sorge um den ganzen Schafstall des Herrn ob, welche der Heiland selbst mit ausdrücklichen Worten dem h. Petrus auferlegte: „Und wenn du einmal bekehrt sein wirst, so stärke deine Brüder;" und ebenso: „Weide meine Schafe."*) Desgleichen erließ Pelagius II. ein Schreiben an die Bischöfe Istriens, worin er sie folgendermaßen zur Unterwerfung unter die Entscheidung des h. Stuhles aufforderte: „Ihr wißt wohl, daß der Herr im Evangelium spricht: Simon, Simon ꝛc. Bedenket Geliebte, daß die Wahrheit nicht lügen konnte, und daß der Glaube Petri in Ewigkeit nicht erschüttert noch verändert werden kann." Endlich heißt es in einem Briefe des Papstes Vitalian an Paulus, den Erzbischof von Kreta: „Dies befehlen wir dir und deiner Synode nach dem Willen des Herrn und zur Förderung seiner Sache; bestrebe dich ohne Verzug dahin zu arbeiten, daß wir nicht gezwungen werden, von unserer Milde abzustehen und nach der Vorschrift der hh. Canones zu verfahren, denn es steht geschrieben: Der Herr sprach zu Petrus: „Ich habe für dich gebetet ꝛc."

Sind nun auch die citirten hh. Väter und Lehrer meist selbst Päpste gewesen, so verliert dadurch ihr Zeugniß, als in eigener Sache abgelegt, keineswegs an Bedeutung. Denn als heilige Männer und große Kirchenlehrer hätten sie sich gewiß jener Worte Christi zum Schutze für ihre Auctorität nicht bedient, wenn die Beziehung dieser Worte auf Petri Amt und daher auf seine Nachfolger nicht schon damals allgemein recipirt gewesen wäre. Daß man die Worte so auch in der orientalischen Kirche zu erklären pflegte, erhellt sowohl aus der angeführten Stelle des h. Cyrill, als aus einer Rede Stephans von Dor auf dem Lateran=Concil, deren wir bereits gedacht haben. Nachdem er nämlich erklärt hatte, die Bischöfe des Orientes nähmen deßhalb zum h. Stuhle ihre Zuflucht, weil derselbe allen vorgesetzt sei, führt er zur Begründung die Worte des Heilandes über die Schlüssel-

---

*) Epist. 4 ad Honorium.

Gewalt an, sowie den Auftrag an Petrus, seine Lämmer und Schafe zu weiden und schließt mit den Worten: „Und hinwiederum Petrus, welcher vor allen übrigen Aposteln einen so vorzüglichen und ausnehmend festen Glauben an unsern Herrn Jesum Christum hatte, verdiente es, einst seine hartgeprüften Mitarbeiter und geistlichen Brüder zu bekehren und zu stärken; denn er empfing von dem für uns menschgewordenen Gotte Macht und priesterliche Auctorität, ausgedehnt über Alle."

Alle diese hh. Väter, welche lange vor dem h. Agatho diese Stellen erklärten, beziehen den Auftrag und die Verheißung Christi keineswegs auf die Pflicht der brüderlichen Liebe, die sich die Apostel während der Leidenszeit zu beweisen hatten, sondern auf das in der Kirche ewig fortdauernde, oberste Hirten- und Lehramt. Hätten wir aber auch diese Zeugnisse nicht, so wäre uns doch der Brief des h. Agatho Beweis genug für die allgemeine Annahme dieser Auffassung in der damaligen Zeit. Es ist nämlich eben jener berühmte Brief, den die Väter auf dem Concil zu Konstantinopel mit demselben begeisterten Zurufe begrüßten, mit dem einst die zu Chalcedon versammelten Bischöfe den Leo's des Großen aufgenommen hatten. Wie aus Einem Munde riefen Alle: „Petrus hat durch Agatho gesprochen." *†)

Wir würden an kein Ende kommen, wollten wir die Zeugnisse Aller derer anführen, welche nach der Zeit Agatho's ganz in demselben Sinne gesprochen haben. Reden nun auch einige Väter oder Erklärer jener Stellen im Evangelium blos von einer Pflicht Petri während der Leidenszeit die übrigen Apostel zu stärken, so behaupten sie doch damit keineswegs, diese Worte seien blos von einer temporären Pflicht und nicht von dem fortdauernden Lehramte zu verstehen. Damit

---

*) Harduin, t. III, p. 1081.
†) M. Merkle Kritik zc. zc. bemerkt mit Recht hierzu: Man wird daher berechtigt sein, die Verfasser des Janus hier zu fragen, ob sie glauben, daß ein allgemeines Concil, das so ganz nahe der patristischen Periode steht, diesen Brief als von Petrus und vom hl. Geiste geschrieben aufgenommen hätte, wenn derselbe mit der kirchlichen Tradition im Widerspruche gestanden wäre? Doch vielleicht waren die Väter des britten und sechsten allgemeinen Concils „Abulatoren des Papstes," wie die Verfasser des Janus jene Bischöfe bezeichnen, die nicht dem gallikanischen Systeme huldigen!

aber eine Erklärung der h. Schrift als in der Kirche allgemein angenommen gelten kann, reicht es hin, daß dieselbe von vielen und gewichtigen Vätern und Lehrern angewandt wird, während die Uebrigen dem nicht widersprechen.

Und nun, wenn eben jener Gelehrte, der nunmehr so heftig gegen die Theologen losfährt und sie sogar des Eidbruchs (!) beschuldigt, weil sie die h. Schrift nicht nach dem Consens der Väter erklären; was sollen wir sagen, wenn jener selbe vor etlichen Jahren noch, als die Sonne der Vernunft in seinem Geiste über seiner leidenschaftlichen Hitze nicht untergegangen war, dieselbe Erklärung gab? Hören wir seine Worte, wo er diese Stelle erklärt: *) „Der Stuhl Petri (nach dem Sinne Jesu Christi) sollte eine Stätte der Wahrheit, eine Allen zur Stärkung gereichende Burg des festen Glaubens bleiben. Denn die Worte wie die Gebete des Herrn waren nicht blos auf die einzelne Person, auf den nächsten Moment gerichtet, sondern sie waren grundlegend und bauend, sie galten vor Allem der Kirche und deren zukünftigen, von ihm im Geiste geschauten Bedürfnissen."**) Und was hat er jetzt fertig gebracht und aus dieser Stelle gegen seine eigene Erklärung in seinen „Erwägungen" herausgeklaubt?

Die Worte Christi, sagt er, sind blos auf die Person Petri zu beziehen, weil nicht alle Päpste wie Petrus gefallen und convertirt sind. Gleich als ob Petrus, wäre er nicht gefallen, die hohe und erhabene Gabe des constanten Glaubens nicht empfangen hätte. Die Worte, fährt er fort, „tu conversus, wenn du einmal bekehrt bist" bedeuten hier wie an vielen anderen Stellen: „et tu vicissim und du hinwiederum." Sodann handele es sich blos um den Glauben an Christus als den Messias. Daß vorab und besonders Rede sei von dem Glauben, den Petrus bekannt hat mit den Worten: „Du bist Christus, der Sohn des lebendigen Gottes," lehren mehrere Väter; es ist nun aber eine willkürliche Annahme Döllingers, daß Christus von diesem Glauben allein rede. Endlich folge aus der Ermahnung an Petrus, seine Brüder zu stärken, nicht, daß Petrus oder seine Nachfolger diesem Aufträge immer nachkommen. Aber wer in aller Welt hat dies auch be-

---

*) Lucas XXII, 32.
**) Döllinger, Christenth. u. Kirche S. 32. 1. Ausg.

auptet? Die angezogenen Väter und wir mit ihnen behaupten nicht, aß die Nachfolger Petri ihres Amtes allezeit treulich waren, sondern nur, daß sie, weil Petri Glaube nicht wankt, nie in die Irre gehen, wenn sie ihr göttlich Amt, die Brüder zu stärken, virklich ausüben. Wir vertheidigen ja nur die Infallibilität, nicht ie Impeccabilität.

Da wir also die allgemein angenommene Erklärung dieser Stelle im so mehr festhalten müssen, weil gegen sie nur so sehr schwach argumentirt werden kann, so sind wir zu dem Schlusse gezwungen: Alles as, was Christus der Herr dem Petrus verheißen und verliehen hat, estehe ungeschmälert nicht fort, wenn die Dekrete der Römischen Bischöfe nicht an und für sich vollgültig und für immer bindend sind, sondern dieses erst werden in Folge des Zustimmens der Bischöfe. Wenn wir das annähmen, so würde vollends Petrus nicht mehr seine Brüder, sondern diese den Petrus im Glauben stärken; so sind die Schafe nicht mehr gehalten dem Hirten, sondern der Hirt, den Schafen zu folgen; so trägt der Fels nicht mehr die Steine, auch die noch zum Fundament gehörigen, sondern die Steine tragen den Felsen, und wir können endlich Leo dem Großen auch nicht beistimmen, der aus eben diesen Worten Christi folgert: „In Petrus findet die Stärke Aller einen festen Schutz und die Hilfe der göttlichen Gnade ist so eingerichtet, daß die Festigkeit, welche durch Christus dem Petrus verliehen wird, durch Petrus den Aposteln zu Theil wird." *)

Das sind die Gründe, auf welche unsere Doctrin sich stützt. Fragen wir nun, ob durch dieselbe die Stellung und Würde, mit welcher Christus die Bischöfe in der Kirche bedachte, nicht vielleicht beeinträchtigt wird? Im folgenden Abschnitt wollen wir dies näher betrachten.

IV.
Die Zuerkennung der obersten Lehrgewalt an den Papst beeinträchtigt die den Bischöfen verliehenen Rechte nicht.

Aus den Worten Christi an Petrus folgern wir, daß dem Papste auch allein die oberste Lehrgewalt und daher eine unfehlbare Lehr-

---
*) Sermo 4 (al. 3), n. 3.

gewalt verliehen ist; aus den Worten an das ganze Collegium der Apostel, daß dieselbe Gewalt auch dem Körper der ganzen lehrenden Kirche innewohnt, d. h. den Bischöfen in Vereinigung mit dem Papste. Da diese beiden Sätze gleichmäßig feststehen, so folgt, daß der Fall nie vorkommen kann, daß etwas anders lehrt der Papst, und etwas anders die Körperschaft der Bischöfe. Denn der h. Geist, welcher der Kirche verheißen ist, leitet bei den Berathungen des Papstes mit den vereinigten Bischöfen das Urtheil und läßt nie alle Bischöfe dem Papste gegenüber stehen. Trifft aber der Papst ohne Hinzuziehung der Bischöfe eine Entscheidung, so wird sich wenigstens ein großer Theil der Bischöfe auf Antrieb desselben Geistes der Wahrheit auf die Seite des Papstes schlagen. Darin gerade zeigt sich die Einheit der Kirche, kraft deren das Haupt mit den Gliedern und die Glieder mit dem Haupte immer vereinigt sind. So bleibt den Bischöfen (allerdings nicht jedem Einzelnen für sich) ihre hohe Gabe, so werden sie vom h. Geiste immer im wahren Glauben erhalten.

„Freilich," antworten die Gegner, „im wahren Glauben werden sie erhalten, aber sie urtheilen und entscheiden nicht selbst mit, sondern sie müssen sich beugen und gehorchen; sie sind keine Hirten, die selbst die Herde weiden, sondern Schafe, die geweidet werden."

Vorab ist dieser Einwurf offenbar falsch, wenn die Bischöfe wirklich um ihre Meinung befragt werden, sei es nun auf Concilien, oder wenn sie, jeder Einzelne in seiner Diöcese, verweilen. Denn in dem Falle üben sie doch zweifelsohne das Amt wirklicher Richter aus, wenn schon in secundärer Weise, eben weil sie ohne Zustimmung des obersten Vorstehers für die ganze Kirche keine Entscheidung treffen können, ähnlich wie auch im Staate die Richter ein wahres Urtheil sprechen können, dasselbe jedoch erst in Folge der Bestätigung des Staatsoberhauptes Gültigkeit erlangt.

Aber auch selbst in dem Falle, wenn der Papst ohne vorherige Berathung mit den Bischöfen Glaubensentscheidungen erläßt, entbehrt der Einwurf aller Wahrheit. Denn mag auch den Bischöfen nach der Entscheidung nur mehr das Urtheil der Zustimmung übrig bleiben, so wird doch auch hierbei die richterliche Gewalt gewahrt; ist ja ihre Zustimmung nicht ein Akt bloßer Unterwerfung, wie bei den übrigen Gläubigen, sondern zugleich ein Akt der Auctorität. Denn gerade durch ihren Beitritt zu den päpstlichen Entscheidungen bilden, sie mit dem Papste und unter sich verbunden das Urtheil der Gesammtkirche. Nicht selten kam es ja vor, daß öcumenische Concilien die Entscheidungen früherer Concilien wieder in ihre Verhandlungen zogen, nicht um neuerdings zu entscheiden, was bereits entschieden war, sondern um es zu bekräftigen. Wenn nun auf diesen Concilien die Väter die Hauptpunkte der Lehre einschärften und die Irrthümer von Neuem verdammten, kann man dann läugnen, daß sie ein wahres Urtheil in ihrer bischöflichen Gewalt und Vollmacht gesprochen haben? Es ist ja nicht immer erforderlich, daß ein Richter, um mit voller richterlicher Gewalt zu handeln, nach beiden Seiten hin, d. h. für oder wider eine Sache Urtheil sprechen dürfe.

Allerdings wäre die Gewalt, besonders auf diesem Gebiete, viel umfassender und bedeutender, wenn der Richter durch sein Urtheil das Ungewisse gewiß machen könnte. Aber neben dieser Gewalt der Bischöfe, nicht Definirtes zu definiren (wenn sie unter sich und mit dem Papste übereinstimmen), läßt sich ganz gut auch das selbstständige Urtheil des Papstes ohne Bischöfe denken. Da nämlich Christus den Bischöfen diese Gewalt in seinem Reiche verliehen, die **Schlüssel dieses Reiches** aber einzig dem Petrus anvertraut hat, so folgt daraus, daß die Bischöfe diese ihre Gewalt ohne Zustimmung der Nachfolger Petri nicht ausüben können. **Es folgt aber keineswegs, daß die Nachfolger Petri ohne Zustimmung der Bischöfe nicht binden und lösen können.** Denn der gesagt hat: „Was ihr binden werdet, soll gebunden sein," fügte nicht hinzu: „Nichts wird gebunden sein, was ihr nicht gebunden habt."

Somit berechtigt uns der Satz, der h. Stuhl besitzt die oberste Lehrgewalt, keineswegs dazu, den Bischöfen ein eigentliches und vollgültiges Urtheil über Glaubenssachen abzusprechen, sondern nur zu dem Schlusse: Es gibt zwei Arten, wie ein Urtheil in der Kirche auf legitime Weise zu Stande kommen kann; die eine, einfachere Art, besteht in der Entscheidung des Papstes allein, die andere, feierlichere, in dem Urtheilsspruch der gesammten Kirche. So hat es nämlich die ewige Weisheit eingerichtet, damit dem Bedürfnisse der Kirche je nach der Verschiedenheit der Zeitverhältnisse Rechnung getragen werde.

Es gibt offenbar Zeiten, in denen eine allgemeine Versammlung der Bischöfe kaum, oder geradezu gar nicht möglich ist, und solche Zeiten sind manchmal von langer Dauer. So vergingen nicht blos nach dem Concil von Trient drei volle Jahrhunderte, bis sich die Bischöfe jetzt wieder im Vatikan zusammen einfanden, sondern auch das erste Concil von Nicäa wurde erst im Jahre 326 gehalten, und ganz ähnlich liegen zwischen dem vierten zu Constantinopel und dem ersten im Lateran fast drei Jahrhunderte. Während dieser einzelnen Zeiträume aber wurde die Kirche durch zahlreiche und sehr ernste Wirren, die durch Häresien hervorgerufen waren, beunruhigt, und hätte die oberste Lehrgewalt in der Kirche sie nicht gehoben, sie hätten ihr von Tag zu Tag immer erheblichere Schäden und Verluste beigebracht. Es reicht hin, aus den ersten Jahrhunderten einen Paul von Samosata zu nennen, aus dem Mittelalter einen Gottschalk und Berengar, aus der Neuzeit einen Jansenius. †) Was wäre geschehen, als deren Häresien grassirten, was wird überhaupt bei ähnlichen Verhältnissen der Fall sein, wenn jene oberste Lehrgewalt in der Kirche einzig und allein auf den Concilien beruhte und nicht auch auf den Päpsten?

Man hört hierauf gewöhnlich die Antwort Gersons, es reiche zum Frieden der Kirche hin, den päpstlichen Dekreten insoweit Gehorsam zu zollen, ut non dogmatizetur in contrarium, was dann die Jansenisten das „ehrfurchtsvolle Stillschweigen" nannten.

---

†) Vergl. Hirtenschreiben des Hochw. Bischofs Conrad von Paderborn d. d. 26. Febr. 1870. „Seit dem letzten allgemeinen Concil von Trient sind doch bekanntlich mancherlei Irrlehren aufgetaucht. Wer hat diese als Irrlehren gekennzeichnet und verurtheilt, die Irrlehre eines Bajus z. B., und eines Jansenius, oder die in neuerer Zeit in unserm Vaterlande aufgetauchten Hermesischen und Günther'schen Lehren? Und wo sind die Katholiken, die sich für befugt gehalten, gegen die Verwerfungsurtheile, welche der hl. Stuhl über diese Lehren gefällt, als wider unbefugt erlassene, Protest zu erheben oder diese Urtheile etwa nur für provisorisch gültig anzuerkennen, für Urtheile, die durch das erste beste, allgemeine Concil wieder umgestoßen oder reformirt werden könnten? Im Gegentheile, bis jetzt hat in solchen Dingen stets bei uns wie bei unsern Vätern und Urvätern unangefochten das Wort des hl. Augustinus gegolten: Roma locuta, causa finita. Aus der allerneuesten Zeit erinnere ich hier nur an das im Jahre 1860 abgehaltene Kölner Provinzialconcil. Heißt es dort nicht ausdrücklich: die Glaubensentscheidungen des Papstes seien an sich irreformabel?"

Demgemäß blieben wir aber im Ungewissen und müßten uns auch des äußern Bekenntnisses enthalten. Denn mit dem Munde darf man doch nicht bekennen, was man mit dem Herzen nicht glaubt. Allein die von den Häresien angefochtenen Glaubensdogmen können, a pflegen solche zu sein, daß weder das Eine noch das Andere erlaubt ist. Paul von Samosata läugnete die Gottheit Christi; konnten sich nun wohl die Gläubigen bis zu einem allgemeinen Concil des Glaubens an die Gottheit Christi und des Bekenntnisses derselben enthalten? Die Irrlehre Berengars war vom h. Stuhle verdammt worden; durften die Anhänger Berengars doch noch den Entscheid eines allgemeinen Concils abwarten, bis sie an Christus im allerheiligsten Sakramente glauben und ihn anbeten konnten? Oder reicht es, zum weiteren Beispiele, zum Frieden und Heile der Seelen hin, die Dekrete der Päpste gegen Jansenius mit gehorsamem Stillschweigen ehrerbietig zu vernehmen, inzwischen aber dessen verderbliche Lehre im Herzen festzuhalten und bei der Spendung und dem Empfang der hh. Sakramente darnach zu handeln?

„Aber, sagt man, dieses unschlüssige Schwanken der Gemüther ist nicht von langer Dauer. Denn um einer päpstlichen Entscheidung durch Zustimmung der Bischöfe Kraft und Gültigkeit zu verleihen, bedarf es keines Concils. Es genügt, wenn die Zustimmung der über den Erdkreis zerstreuten Kirche bekannt ist. Diese ist aber bekannt, wenn nach Veröffentlichung des Dekrets nur wenige oder gar keine Bischöfe Einsprache dagegen erheben. Und da nun wohl noch niemals viele Bischöfe solche Einsprache erhoben haben, so ist das wenigstens ausgemacht, daß die ganze Streitfrage, ob die Entscheidungen über Glaubenssachen, welche sich einzig und allein auf die Auctorität des Papstes stützen, fest und sicher seien, von geringer Bedeutung ist."

Wir können dieser Meinung durchaus nicht beistimmen. Nach unserer Ansicht ist diese Controverse von der größten Bedeutung. Nehmen wir wirklich an, die Bischöfe hegten die allgemeine Ueberzeugung von der Irrthumsfähigkeit der Dekrete des apost. Stuhles und erachteten (was nothwendig hieraus folgt) eine wissenschaftliche Prüfung derselben für unerläßliche Vorbedingung ihrer Unterschrift: muß man ihnen dann nicht zu dem Zwecke dieser Prüfung eine längere

Frist gönnen? Aber während dieser Frist wird in der zerstreuten Kirche dasselbe eintreten, wie wir es auf den Concilien wahrnehmen, die Meinungen der Bischöfe werden unter einander abweichen, weil der vorgelegte Gegenstand noch nicht definirt ist. Man müßte somit die Meinungen der Einzelnen auf dem ganzen Erdkreise sammeln und zählen. Wer aber wird sie zählen und ihre Zahl veröffentlichen? †) Keiner ist, das wenigstens ist gewiß, dazu eingesetzt. Darum ist aber auch diese Weise Urtheil zu sprechen in der Kirche von ihrem göttlichen Stifter nicht angeordnet.

Es ist ein sehr wahres Wort, die Dekrete der Päpste werden sofort nach ihrem Erlaß auf der ganzen Erde von den Bischöfen nicht blos stillschweigend, sondern ausdrücklich, förmlich und öffentlich angenommen, so daß über deren Zustimmung kaum jemals Zweifel entstehen kann. Aber woher kommt dies anders, frage ich, als weil die Bischöfe insgesammt die feste Ueberzeugung hegen, Petrus spreche durch seine Nachfolger und weil sie glauben, die Entscheidungen des Papstes seien von ihnen nicht erst einer eingehenden Prüfung

---

†) Vergl. das Hirtenschreiben von Bischof Conrad von Paderborn d. d. 26. Febr. 1870. „Ich würde nicht nach der sogenannten gallikanischen Theorie diese Pflicht der Unterwerfung erst von einem hinzukommenden stillschweigenden oder ausdrücklichen Consens der übrigen Kirchenhirten abhängig machen. Denn wie soll ich mir von dem stillschweigenden Consens der Bischöfe Gewißheit verschaffen, und wie lange soll ich die Erfüllung der Pflicht der Unterwerfung aufschieben dürfen, um zu sehen, ob und wie viele Bischöfe etwa zustimmen oder vielmehr nicht widersprechen werden, und was endlich soll ich in der Zwischenzeit thun, bis ich, auf welche Weise auch immer, des geforderten stillschweigenden Consenses mich versichert haben würde? Soll ich vielleicht mein Urtheil ganz suspendiren, soll ich zwischen Glauben und Nicht-Glauben unsicher hin- und herschwanken, oder soll ich gar, wie einige ungeschickt genug in Vorschlag gebracht, etwa erst nur provisorisch glauben?

„Auf solche spitzfindige Unterscheidungen kann doch wenigstens unser gutes katholisches Volk sich nicht einlassen, und hätte Jesus Christus sie zur Bedingung unserer christlichen Erkenntniß gemacht, so hätte er gerade den Hauptzweck, zu dem er in der Kirche den Primat eingesetzt, von vorn herein illusorisch gemacht oder wieder zerstört. Was mich betrifft, so kann ich nicht anders, als festhalten an demselben Felsen, den Christus zu einem Leuchtthurm der Wahrheit gemacht und auf den, als auf einen unzerstörlichen Fels der Wahrheit, er seine Kirche selbst gegründet hat."

zu unterwerfen, sondern mit voller Glaubenshingabe anzunehmen. Im andern Falle könnten sie nicht blos, nein, sie müßten dieselben allseitig prüfen und ihr Urtheil der Kirche kund thun. Es erübrigt noch jenes Argument der Gegner zu widerlegen, wonach sie fernere Concilien für unnütz erklären, weil die päpstlichen Entscheidungen alle Kraft und Gültigkeit durch sich selbst besitzen. Wir antworten darauf: Gewiß bedürfen wir der Concilien nicht zu dem Zwecke, um die katholische Wahrheit mit Sicherheit erkennen zu können, aber man nenne sie ja deßhalb noch nicht vollends unnütz, oder sogar nicht nothwendig, um gewisse für die Kirche nützlichere Erfolge zu erzielen. Denn erstlich muß der Papst vor der Definition die Wahrheit sorgfältig erforschen. Das erheischt die ihm auferlegte Pflicht, wiewohl es den Gläubigen gewiß nicht zusteht, zu untersuchen, ob er diese Sorgfalt wirklich angewandt hat. Nun kann es aber, damit die Erforschung der Wahrheit in der rechten Weise vor sich gehe, von großer Bedeutung sein, mit dem Collegium der Bischöfe zu berathen, dann zumal, wie bereits oben ausgesprochen, wenn es sich um einen Hauptpunkt der Heilslehre handelt. Zudem ist die Kirche gerade zu dem Zwecke von Christus gestiftet, damit in ihr und durch sie der Wahrheit Zeugniß werde. Das geschieht aber in jener ehrwürdigen Versammlung der Väter, mag sie ein feierliches Bekenntniß des Glaubens ablegen, oder aber in besonders feierlicher Weise Glaubensdekrete sanctioniren, zur größeren Ehre Gottes und unseres Heilandes, und zur Vermehrung des Glaubenseifers unter dem christlichen Volke. Und wiewohl die Auctorität des obersten Hirten, an und für sich betrachtet, allein hinreichen muß, sowohl die Christen zur gläubigen Annahme der von ihm definirten Lehre zu bestimmen, als auch die Bischöfe, sich ihrer Verbreitung und Vertheidigung mit warmem Herzen anzunehmen, so wird wegen unserer schwachen menschlichen Natur Beides um so leichter erreicht, wenn derartige Dekrete von der gesammten Hirtenschaar ausgehen. Endlich handelt es sich auf den Concilien auch nicht blos um Glaubenssachen, sondern oft noch mehr um die kirchliche Disciplin und die Reform der Sitten. Um aber die hierauf bezüglichen Entscheidungen umsichtig treffen zu können und zugleich eine sichere Bürgschaft für deren heilsame Wirkungen zu haben, ist eine Versammlung der Hirten aus den verschiedenen Ländern der Welt offenbar von noch viel größerem Nutzen.

So haben also beide Arten für die ganze Kirche Gesetze des Glaubens oder der Disciplin zu sanctioniren, ihre **Vortheile**, und sind daher auch beide zu jeder Zeit **ausgeübt** worden.

V.
Die Päpste haben wirklich die oberste Lehrgewalt beständig ausgeübt. †)

Wenn man die Gegner der päpstlichen Lehrgewalt hört, *) so sollte man glauben, es sei früher Alles in der Kirche **nur durch Concilien** zu Stande gekommen. In jedem Jahrhundert mit Ausnahme der beiden letzten, sagen sie, ist wenigstens **ein** Concil abgehalten worden; und doch waren vor dem Concil von Trient, wie bereits erwähnt, ungefähr 6 Jahrhunderte, 3 vor dem Nicänischen, und fast eben so viele vor dem ersten im Lateran verflossen, in welchen **kein** öcumenisches Concil stattfand. Ebenso behaupten sie, sind besonders bis zum 9. Jahrhundert, d. h. bis zum griechischen Schisma ohne Unterlaß die Concilien fortgesetzt worden, während doch in den 8 ersten Jahrhunderten nur 7 öcumenische und ein General-Concil, in den folgenden Jahrhunderten 11 öcumenische und 3 General-Concilien gehalten wurden. Hierdurch wird unsere frühere Aussage bekräftigt, wie unbegründet die Furcht ist, durch Anerkennung der obersten Lehrgewalt des h. Stuhles würden die Concilien unnütz. Die Gegner geben nämlich nothgedrungen die Thatsache der allgemeinen Verbreitung der Doktrin von der **obersten** und darum infallibelen Lehrgewalt des Papstes zur Zeit des Mittelalters und besonders vom 13. Jahrhundert an zu; und doch wurden

---

†) Vergl. Antijanus von Hergenröther VII. „Der Primat und seine Entfaltung" und De la Monarchie Pontificale par Dom Guéranger p. 146. „Coup d'oeil sur l'exercice du pouvoir d'infaillibilité par les Papes dans l'enseignement de la doctrine, et adhésion de l'Eglise à ce pouvoir" — und „die Unfehlbarkeit des Papstes und das allgemeine Concil" von B. A. Dechamps; autorisirte deutsche Uebersetzung, Mainz 1869, pag. 51. sowie „Tradition der Kirche in Betreff der Infallibilität des römischen Bischofs" von Heinrich Eduard Manning, Erzbischof von Westminster. Eine französische Uebersetzung erschien bei Palmé in Paris.

*) Erwägungen n. 5. Observations p. 19, 40.

zu keiner Zeit so viele öcumenische, General-Concilien und Provinzial-Synoden abgehalten, als gerade während des Mittelalters.

Weil es jedoch nur zu sehr den Anschein hat, daß unsere Gegner gewisse historische Wahrheiten nicht ganz unbewußt übersehen, so wollen wir dieselben in volles Licht setzen, indem wir unumwunden aussprechen, daß zu jeder Zeit im Alterthume wie im Mittelalter und in der neuern Zeit, mögen nun viele oder wenige Concilien abgehalten worden sein, die Päpste die oberste Lehrgewalt beständig ausgeübt haben, wogegen die Kirche nicht nur keine Einsprache erhob, sondern was sie verlangte und ausdrücklich billigte.

Wann üben die Päpste die oberste Lehrgewalt aus? So oft sie Glaubensfragen endgültig lösen und dabei von allen Gläubigen und auch von den Bischöfen Gehorsam verlangen. Hat nun nicht bereits in der apostolischen Zeit der h. Clemens kraft seiner Vollgewalt an die Corinther ein Schreiben gerichtet, worin er, wie uns Irenäus*) und Eusebius**) bezeugen, den Glauben derselben nebst der noch frischen Tradition der Apostel wiederherstellte? Hat nicht Pius I. die Irrthümer des Valentin, der h. Eleutherius die des Marcion und Cerdo, der h. Victor die des Praxeas, der h. Zephyrin die des Proklus, der h. Cornelius die des Novatus verdammt, und hat nicht der Papst Stephan gegen den h. Cyprian und die zahlreiche afrikanische Synode die Ketzertaufe für gültig erklärt? Die meisten der ebengenannten Secten nebst vielen andern sind aus dem Gnosticismus hervorgegangen, und Neander, der Protestant, gesteht in seiner Geschichte des Gnosticismus ein, daß es in diesem harten Kampfe um den Frieden und die Einheit der Kirche geschehen gewesen wäre, hätte der römische Stuhl durch seine Glaubensfestigkeit dieselbe nicht zu erhalten gewußt. Viele und bedeutende Häresien wurden also vor der Zeit des ersten öcumenischen Concils einzig durch die oberste Lehrgewalt des Papstes niedergeschlagen und vernichtet. Hatte sich nun auch das Concil von Nicäa gegen den Arius, der die Gottheit des Sohnes läugnete, versammelt, so nahm doch nicht lange nachher Papst Damasus ganz allein gegen den Macedonius die Gottheit des h. Geistes in Schutz. Um die von

---

*) Ad haereses l. III. cap. 3.
**) Hist. eccl. l. V, c. 6.

Siricius verdammte Irrlehre des Jovinian zu übergehen, hatten schon mehrere Synoden in verschiedenen und weit von einander gelegenen Provinzen gegen die verbreitete Irrlehre des Pelagius Canones erlassen; dennoch wurde die „Sache erst beendigt," als Zosimus und Innocenz ihren Urtheilsspruch kund thaten.

Um jedoch einmal mit der Aufzählung von Thatsachen, besonders allgemein bekannter, zu Ende zu kommen, wollen wir noch das Eine hinzufügen, daß die Päpste zuweilen sogar von öcumenischen Concilien, und gerade von solchen, die im Oriente versammelt waren, verlangten, sie sollten über Entscheidungen, die sie bereits in Glaubensfragen gegeben, nicht mehr discutiren wie über zweifelhafte Fragen, sondern sie als fest und unabänderlich demüthig annehmen. That Leo der Große dies nicht in der Sache des Eutyches, da er nur unter dieser Bedingung das Concil zu Chalcedon erlaubte; that es nicht der h. Agatho, der die von ihm über den Irrthum des Sergius gegebene Entscheidung überschickte und einfach verlangte, auf dem Concil (dem dritten zu Constantinopel) „solle von demjenigen, was (in jenem Entscheid) regelrecht definirt sei, weder etwas weggenommen, noch verändert, noch hinzugefügt, sondern der ganze Entscheid an Wort und Sinn unangetastet bewahrt werden?" Streng untersagte er auch seinen Legaten, sich irgend eine Aenderung des Aktenstückes herauszunehmen, sie sollten vielmehr die Tradition des apostolischen Stuhles, sowie sie von seinen apostolischen Vorgängern überkommen war, einfach darlegen, und zwar deßhalb forderte er dieses, weil sich an die Auctorität der römischen Kirche, als der ersten aller Apostelkirchen, allzeit alle katholischen Kirchen und alle Synoden gläubig angeschlossen haben und ihr in Allem gefolgt sind. *) Aehnlich schrieb Hadrian I. dem zweiten Concil von Nicäa vor, diejenige Lehre über die Verehrung der Heiligenbilder anzunehmen, in Betreff deren er bereits in der Fülle seiner apostolischen Gewalt Glaubensbestimmungen erlassen hatte. **)

Bei dieser Sachlage wäre es nun gewiß unverzeihlich, wollte

---

*) Epist. ad Imperat.
**) Epist. ad Imperat. Epist. ad Tharasium patriarcham.

man all' dasjenige, was die obersten Hirten der Kirche, heilige Männer und Blutzeugen Jesu Christi, von den ersten Jahrhunderten in beständig ausübten, nicht als den Ausfluß legitimer Gewalt, sondern als Anmaßung bezeichnen. Fehlen doch weder Thatsachen noch bezeugende zahlreiche Einzeläußerungen zum Beweise der Anerkennung jener obersten Lehrgewalt in der ganzen Kirche. Ermahnungen, wie sie Gregor in einem Briefe den Bischöfen Galliens gibt, beim Ausbruche einer Glaubensstreitigkeit zum apostolischen Stuhle ihre Zuflucht zu nehmen, waren ja nach dem Zeugnisse des h. Hieronymus zu seiner Zeit gar häufig. Er erzählt von sich selbst: „Vor vielen Jahren, als ich in Anfertigung kirchlicher Schriftstücke dem Damasus, Bischof der Stadt Rom, zur Hand ging und den Anfragen seitens der Synoden des Orientes und des Occidentes, die sich um Rath hierher wandten, antwortete...."*) Dies geschah von der apostolischen Zeit her, wie Theodoret in einem Briefe an den h. Leo versichert, und der h. Innocenz I. wünschte den Vätern auf den Concilien zu Carthago und Milevis, die sich in der pelagianischen Streitigkeit an ihn gewandt hatten, Glück, „weil sie die Vorschrift der alten Regel befolgt, die, wie sie mit ihm wüßten, auf der ganzen Erde beobachtet sei; denn es sei ihnen wohlbekannt, und dies bestätigten sie auch durch ihre Handlungsweise, daß durch alle Provinzen hin denen, die sich um Rath an den apostolischen Stuhl wendeten, Antworten aus dieser apostolischen Quelle zuströmten."

Aber nicht blos Origenes hat dem h. Papste Fabian,**) und Hieronymus dem Papste Damasus***) Zeugniß von seinem deßfallsigen Glauben abgelegt, sondern auch selbst Häretiker haben auf den apostolischen Stuhl recurrirt. Es ist ja aus der Geschichte bekannt, daß Priscillian und seine Anhänger an den Papst in Rom schrieben, um sich „von den Vorwürfen zu reinigen"; a) daß Pelagius aus dem Oriente die Vertheidigung seiner Sache an den h. Innocenz schickte mit den Worten: „Sollten sich darin vielleicht ungenaue oder unvor-

---

*) Epist. ad Ageruch.
**) Baron. ad an. 248.
***) Epist. 77.
a) Sulp. Sev. In Chron. 1. II, c. 61.

sichtige Behauptungen finden, so bitten wir dich um Verbesserung, der du Petri Stuhl und Glauben inne hast." *) Auch Cölestius begab sich, wie der h. Augustin erzählt, nach Rom, „indem er es nicht wagte, sich dem Schreiben des Papstes Innocenz zu widersetzen, ja sogar versprach, Alles das zu verdammen, was der Papst verdamme." **) Obgleich nun diese Thatsachen zahlreich und auch allgemein bekannt sind, so wagte es in unseren Tagen dennoch ein Gelehrter, in die Welt hinaus zu schreiben, es sei vor dem griechischen Schisma Niemanden, selbst den Päpsten nicht in den Sinn gekommen, die Gewalt zur Publicirung von Glaubensdefinitionen den Nachfolgern des heil. Petrus zuzuschreiben. Vor was schrecken diejenigen noch zurück, die ein verkehrter Geist, der Geist des Hochmuthes, in ihren Handlungen beherscht!

Wir dürfen übrigens hier auch nicht mit Stillschweigen übergehen, daß in jenen hochwichtigen Angelegenheiten, von denen wir etliche oben erwähnten, die Päpste ihr Urtheil auf ausdrückliches Verlangen von Männern, die in ihrer Zeit eine hervorragende Stellung einnahmen, fällten. Wir haben noch die Briefe des heil. Cyrill an den heil. Coelestin und dessen Antwortschreiben, ***) wonach Nestorius auf Geheiß des Papstes mit dem Anathem belegt wurde: deßhalb bestand auch auf der Synode zu Ephesus der h. Cyrillus auf der Unterwerfung der Väter unter die Auctorität des h. Stuhles. Auch Leo der Große schrieb seinen dogmatischen Brief gegen Eutyches, nachdem ihn die Bitten Flavians, des Patriarchen von Constantinopel, dazu bestimmt hatten. Der heil. Martin verdammte die Monotheleten, nachdem ihm Stephan aus Dor eine deßfallsige Bittschrift des Patriarchen Sophronius und anderer Kirchenvorsteher überreicht hatte.

Fragt man nun nach dem Grunde, der alle diese Männer bewog, die Entscheidungen des heil. Stuhles nachzusuchen, so wird uns, wiewohl derselbe an sich schon klar ist, doch noch die Schlüsselgewalt, das Amt eines obersten Hirten, und der Beruf, die Brüder

---

*) Baron. ad an. 417.
**) De peccato orig. l. II, c. 7.
***) Unter der Epist. des h. Cyrill im Anfang; auch in den Akten des Conc. Ephes. Mansi, tom. IV., col. 1015 et sqq.

m Glauben zu stärken, ausdrücklich erwähnt. Doch wir haben dies bereits oben berührt. Vernehmen wir nunmehr die Worte, welche die Väter dreier afrikanischer Synoden an Theodorus, den Vorgänger Martins, richteten: „Es ist eine Bestimmung der alten Regeln, immer alle Fragen, mögen sie nun in der Nähe oder in ganz entlegenen Provinzen ventilirt worden sein, zur Kenntniß deines hehren Stuhles zu bringen, damit deine Auctorität den Erlaß in allweg bestätige, und damit die übrigen Kirchen von deinem Stuhle, wie von der ersten Quelle, ihre Lehrverkündigung hinnehmen, und so durch die verschiedensten Länder der Erde die weiteren Entwickelungen des Glaubens in makelloser Reinheit zum Heile gegeben werden." *)

Denselben Grund, weßhalb man sich in einer schwierigen Glaubensfrage an den Stuhl Petri wenden solle, gab der h. Irenäus in der bekannten Stelle an, wo er sagt, es genüge zur Auffindung der apostolischen Tradition, den Glauben der Römischen Kirche anzugeben, „mit welcher wegen des mächtigeren Vorranges jede Kirche †) übereinstimmen müsse."**) Desgleichen sagt ein anderer, zwar einer späteren Zeit angehöriger, aber deßhalb nicht minder wichtiger

---

*) Dieser Brief wurde auf der Lateran-Synode unter Martin I. vorgelesen. Act. 2.
†) d. h. die über den Erdkreis zerstreuten Gläubigen.
Vergl. über die Stelle bei Irenäus auch die meisterhafte Abhandlung in der Zeitschrift „Katholik" — 1867. S. 319 u. ff.; auch Antijanus von Hergenröther, S. 71.
**) Der Verfasser der Erwägungen (n. 11) schreibt auch hier wieder den alten Feinden des römischen Stuhles ab und wirft ein: „Die Nothwendigkeit, mit dem Glauben der Römischen Kirche übereinzustimmen, ergibt sich nach Irenäus aus der Thatsache, daß die Gläubigen aus allen Gegenden und Ländern (undique $\pi\alpha\nu\tau\alpha\chi\acute{o}\vartheta\epsilon\nu$) genöthigt sind, wegen der Macht und Weltstellung Roms dahin zu kommen, und also auch mit der dortigen Kirche in Gemeinschaft zu treten, und die dort geltende Lehre durch den Prüfstein der aus ihren Wohnorten mitgebrachten Tradition in apostolischer Reinheit zu bewahren." Daß dieses Argument gar nichts für sich hat, sieht Jeder leicht ein; gleichwohl noch die kurze Bemerkung, daß beim h. Irenäus an die Aufzählung der Nachfolger Petri der Satz sich anreiht: „Durch diese Ordnung und regelmäßige Reihenfolge gelangte von den Aposteln bis auf uns die kirchliche Tradition und die Verkündigung der Wahrheit." Also ist die legitime und ununterbrochene Reihenfolge auf dem Stuhle Petri, nicht aber die von den Pilgern erhaltene Lehre der Grund, warum in der Römischen Kirche die apostolische Tradition ununterbrochen fortdauert. „Und es ist dies, so schließt der hl. Irenäus, der vollkommenste Be-

Lehrer, der heil. Bernhard, in einem Schreiben an Innocenz II. in der Sache des Abälard: „An deinen apostolischen Stuhl müssen alle Gefahren und Aergernisse, die im Reiche Gottes auftauchen, berichtet werden, und ganz besonders diejenigen, welche den Glauben betreffen. Denn nach meinem Erachten ist es angemessen, dort vor Allem Glaubensschäden heilen zu lassen, wo der Glaube nicht wanken kann. Denn darin gerade besteht das Vorrecht dieses Stuhles. Zu wem wurde denn einst gesagt: „Ich habe für dich gebetet, Petrus, damit dein Glaube nicht wanke."? Also stellt man an den Nachfolger Petri die in folgenden Worten enthaltene Forderung: „Und wenn du einmal bekehrt bist, so stärke deine Brüder."*) Ein drittes Zeugniß für jenen Grund legt der hl. Cyprian in einer Schrift über die Schismatiker Fortunatus und Feliciffimus ab: „Dreist steuern sie nach dem Lehrstuhle Petri und zu der Hauptkirche, dem Ursprunge der priesterlichen Einheit; keck bringen sie Briefe von Schismatikern und Profanen, ohne zu bedenken, daß es die Römer sind, deren Glauben der Apostel ausdrücklich lobte und zu denen keine Perfidie (des Irrglaubens) Zutritt haben kann."**) Diesen Grund führt auch der h. Hieronymus an mit der Versicherung, „es könne der römische Glaube nicht verändert werden und wenn auch, wie Paulus sagt, ein Engel vom Himmel ihn anders verkündigte, als er einmal gepredigt worden." Endlich, um die Uebrigen zu übergehen, macht diesen Grund der h. Petrus Chrysologus namhaft. Er ermahnt den Eutyches, sich den Entscheidungen Leo's zu unterwerfen: „In Allem, sagt er, ehrwürdiger Bruder, ermahnen wir dich, merke gehorsam auf die Vorschriften des heiligsten Vaters zu Rom; denn der h. Petrus, der noch immer auf seinem Sitze fortlebt und das Vorsteheramt ausübt, bietet Allen die Wahrheit des Glaubens, die sie aufrichtig suchen."***)

---

weis, daß es ein und derselbe lebendig machende Glaube ist, der in der Kirche von den Aposteln herab bis auf uns bewahrt und nach der Wahrheit überliefert worden ist." Adv. Haeres l. III. c. 3.
*) Epist. 190.
**) Epist. 55. ad Corn.
***) Epist. ad Eutych. Dieser Brief ist den Akten des Concils von Chalcedon eingereiht.

Was diese in Worten, das haben Andere durch die That bewiesen, durch ihre Unterwürfigkeit unter die Entscheidung des apostolischen Stuhles. Der h. Liberius erklärte die Synode der Semiarianer für ungültig, und der bei weitem größere Theil der dort versammelten Bischöfe widerriefen schriftlich ihre Entscheidungen. Ein Gleiches verlangte Liberius von den asiatischen Bischöfen, und „der ganze Orient folgte ebenso wie der Occident dieser Aufforderung des obersten Hirten." *) Als Damasus, wie bereits erwähnt, die Häresie des Macedonius verdammte, blieben Alle ruhig, weil von der Römischen Kirche das Endurtheil gefällt sei. **) Der h. Ambrosius dankte in Vereinigung mit mehreren Bischöfen dem Papste Siricius, der die Häresie des Jovinian verurtheilt hatte, weil „er mit frommer Sorgfalt den Schafstall Christi bewache," und schreibt dann also: „Wisse, daß Jovian, Maxentius . . . . . ., welche deine Heiligkeit als Ketzer verdammt, auch bei uns gemäß deines Urtheils als solche verdammt sind." ***)

Aber, sagt man, wenn auch diese Männer dem Papste Gehorsam leisteten, so hat doch Cyprian, ein heiliger Mann und Blutzeuge Jesu Christi, sich demselben widersetzt, und der h. Augustin entschuldigt ihn deßhalb, weil die Sache noch von keinem Plenar-Concil definirt gewesen sei."

Was der h. Cyprian vom Römischen Stuhle und dessen unverletzbarem Glauben damals hielt, als sein Geist in eigener Sache noch nicht getrübt war, haben wir bereits vernommen. Der h. Augustin aber billigte seine Widersetzlichkeit gegen den Papst Stephan nie, im Gegentheil hielt er seine Handlungsweise für eine solche, die „durch Bußleiden zu sühnen sei." ****)

Obwohl aber der h. Stephan den Afrikanern befohlen hatte, von der Sitte, die bekehrten Häretiker wiederzutaufen, abzulassen, und falls sie nicht gehorchten, mit der Excommunication gedroht hatte, so fällte er doch auf Zureden des h. Dionysius und Anderer kein Urtheil über dieselben. Deßhalb konnte die Sache auch als noch nicht ganz entschieden betrachtet werden. Als aber später die Synode zu Nicäa sich

---
*) Epist. I., Ser. n. 2.
**) Sozom. Hist. eccl. I. VI. c. 22.
***) Epist. II. cap. 7.
****) De Bapt. contra Donat. I. I. c. 22.

in feierlicher Weise darüber erklärt hatte, konnte der h. Augustinus den Donatisten, die deßungeachtet auf ihrem Irrthume hartnäckig bestanden, vorwerfen, der h. Cyprian würde seine Meinung geändert haben, wenn die Wahrheit auf einem Plenar=Concil klar und deutlich hingestellt gewesen wäre.*) Das aber konnte gewiß nicht im Sinne des h. Augustin liegen, die Wahrheit für noch nicht klar genug zu halten, auch wenn vom h. Stuhle ein Glaubensdekret ausgegangen wäre, da er ja bei der Besprechung der Irrlehre des Pelagius die bekannten Worte sprach: „Betreffs dieser Angelegenheit wurden die Verhandlungen zweier Concilien (zu Karthago und Milevis) an den apostolischen Stuhl gesandt, und von dorten lief die Antwort ein: — Die Sache ist beendet; o wäre damit auch der Irrthum zu Ende gebracht."**)

Doch um nicht blos von einzelnen Männern mehr zu sprechen. Wir haben bereits im Vorhergehenden das Concil von Chalcedon erwähnt. Dieses versammelte sich auf die Auctorität Leo's hin, nicht um durch Suchen und Forschen den Glauben festzustellen, sondern blos um sich dem Briefe Leo's an Flavian, als der Norm des orthodoxen Glaubens, eng anzuschließen. Hat dies ökumenische Concil Einsprache gegen das Verfahren Leo's erhoben? Nein, im Gegentheil. Wiewohl die Väter über die Formel, in welcher sie nach der auf Concilien herrschenden Sitte ihren Glauben erklären sollten, unter einander berathschlagten, haben sie sich doch einer Untersuchung über die von Leo bereits entschiedene Sache enthalten. Den päpstlichen Brief legten sie den der Häresie verdächtigen Individuen einfach zum Beitritt vor, weil nach ihrer Meinung Petrus durch Leo gesprochen hatte.

Doch haben wir wohl Acht; hier schlägt uns der Verfasser der „Erwägungen" vielleicht aus dem Felde. Gut, sagt er, ich gebe zu: Das Concil zu Chalcedon hat diesen Brief Leo's mit Beifall aufgenommen, aber des Honorius Briefe wurden doch zu Constantinopel verdammt.

So stoßen wir denn hier auf das beliebteste Argument unserer Gegner: Ueber die Irrthümer der Päpste. Man wundert sich mit Recht über das nimmermüde Streben, immer und immer wie-

---
*) Ibidem I. II. c. 4.
**) Sermo 131 (al. 2). De verb. Apost.

der von Neuem aufzutiſchen, was ſchon längſt und oft vor der Ge‑
ehrſamkeit bedeutender Männer die Probe nicht beſtanden hat. Da‑
rum iſt uns um ſo mehr folgender Beweisgang geſtattet: Ueber ſehr
viele und die verwickeltſten Gegenſtände fällte im Laufe von 18 Jahr‑
hunderten der h. Stuhl feierliche Urtheile, aber nicht in einem ein‑
zigen haben die ſchlaueſten und verſchlagenſten Feinde je einen Irr‑
thum zu entdecken vermocht; und ſo haben denn alle Zeiten den
Beweis geliefert, daß zum Lehrſtuhle Petri, für deſſen Glaubens‑
feſtigkeit Chriſtus der Sohn des ewigen Gottes gebetet, der Irrglaube
keinen Zutritt hat.

Sehen wir uns die Einwürfe näher an, ſo finden wir ſolche, die
in der That auf nichts Irrthümliches gehen, ſondern auf Wahres oder
noch Zweifelhaftes, andere haben zur Unterlage, was wirklich eine
Rüge verdiente. Aber nichts von dieſem letzteren findet ſich in
irgend einer päpſtlichen Entſcheidung oder in einem päpſt‑
lichen Dekrete. Was erreichen nun unſere Gegner, wenn ſie aus
allerhand Briefen und Büchern, welche die Päpſte manchmal vor
Antritt ihres oberſten Hirtenamtes, alſo vor ihrem Amts‑
antritte verfaßt hatten, ja ſogar aus nur zufällig entfallenen Worten
Alles, was nur den Schein des Irrthums an ſich trägt, gierig auf‑
greifen, was erreichen ſie damit weiter, als nur den Beweis, daß
ihre Sache ſchlecht ſteht? Woher gerade jetzt das laute Geſchrei über
den einzigen Honorius, als weil man die Unhaltbarkeit alles Andern
nur zu wohl fühlt? Den Honorius brandmarkt nach ihrer Aus‑
ſage die Geſchichte, und hiſtoriſche Fakta ſtehen mauerfeſt. Da uns
der Raum dieſes Büchleins nicht verſtattet, über Alles, was unſere
Gegner anführen, zu ſprechen, ſo wollen wir nur etwas näher zu‑
ſehen, wie es ſich denn mit der vorliegenden Sache verhält, und wie
viel Gewicht und Bedeutung dieſelbe hat. Zwei Briefe des Honorius,
die derſelbe an Sergius, den monotheletiſchen Patriarchen von Con‑
ſtantinopel, geſchrieben, wurden vom Concil verdammt und der Name
des Honorius mit den Namen der Häretiker Sergius und Pyrrhus
mit dem Anathem belegt. Die Sache verhält ſich ſo: Wenn wirklich die
Verdammung des Honorius legitim war,*†) dann wurde er nicht deß‑

---

*) Auch das läugnen manche Gelehrte. V. Calvalcanti. Vindicae RR. PP.
†) Es würde dadurch allerdings die einfachſte Löſung der vorliegenden Schwie‑
rigkeit erreicht, daß man eine Verfälſchung der Akten des 6. Concils durch Einſchaltung

halb verurtheilt, weil er Häresie gelehrt hat, sondern weil er eine häretische Lehre, welche er unterdrücken und mit der Wurzel ausreißen des Namens Honorius von Seiten der Griechen annähme. Die Annahme ist nicht neu, sie ist bereits von Baronius ausgesprochen worden. Was dieser über die Person des Fälschers und den modus procedendi sagt, ist vielleicht, wie der gelehrte Verfasser der so eben auch in zwei deutschen Uebersetzungen erschienenen „causa Honorii Papae" pag. 19. bemerkt, eine „audax hypothesis." Die weiteren Worte jedoch „utpote solida basi prorsus destituta" möchten wir nur auf die Art und Weise anwenden, wie Baronius die Fälschung vor sich gehen läßt. Für die griechische Gewissenhaftigkeit wäre die That der Fälschung doch wahrlich nicht zu viel gewesen. Hat man doch in der 4. und 12. Aktio des 6. allgemeinen Concils die Urkunden des 5. bereits gefälscht vorgefunden. Hat doch der h. Leo über die Griechen in einem Briefe an die Palestinenser sich schon beklagt, daß sie sein dogmatisches Schreiben an Flavian verfälscht hätten. Versicherte nicht der h. Gregor der Große, daß die Constantinopolitaner in hinterlistiger Weise die Akten des 4. allgemeinen Concils verderbt hätten? Sprach er es nicht als starken Verdacht aus, daß es ebenso geschehen sei mit den Akten des 3. allgemeinen Concils von Ephesus? Hat nicht Nikolaus I., als er den Kaiser Michael auf den Brief des Kaisers Hadrian verwies, die Bemerkung zufügen zu müssen geglaubt: Si tamen non falsata more Graecorum? Fand man denselben nicht wirklich auf dem 8. allgemeinen Concil verstümmelt, da das für Tarasius Ehrenrührige ausgemerzt war? Wenn nun die Griechen sich unterstehen konnten, die Urkunde des 3., 4., 5. und 8. öcumenischen Concils zu fälschen, was Wunder, wenn sie es nun auch gewagt hätten, nach ihrem Belieben die des 6. übel zuzurichten. Noch mehr: Es werden in dem Leben des h. Leo II., wie dasselbe im liber pontificalis steht, von den Legaten beim Concil die Namen der Verdammten aufgezählt und als solche bezeichnet, die aus den Diptychen wie die Namen von Excommunicirten ausgestrichen seien. Unter diesen Namen liest man aber nicht den des Honorius. Auch der Kaiser Constantin Pogonatus hält in dem Briefe an Papst Donus, worin er auf eine Synode antrug, den Honorius für rechtgläubig, gerade so wie den Papst Vitalianus, der den monotheletischen Bischof von Constantinopel verdammt hatte. Wie können diese beiden Thatsachen mit der Verdammung des Honorius in Uebereinstimmung gebracht werden? Es ist demnach der Verdacht einer Fälschung der Urkunden von Seiten der Griechen nicht unbegründet. Hören wir darüber den bis jetzt leider fast ganz unbeachteten Autor des „Papst Honorius I. und Pater Gratry" in der Civiltà cattolica serie VII. vol IX. pag. 331 ff.

Ursache zur Vornahme einer Fälschung war auf Seite der Griechen hinreichend vorhanden: Vier ihrer Patriarchen waren nach einander vom Bannstrahl als Irrlehrer getroffen worden, während Rom, mit neidischen Augen von ihnen beobachtet, hervorleuchtete durch heilige Bischöfe, die daheim den wahren Glauben aufrecht erhielten und den Griechen ihren Monotheletismus verdammten. Die Versuchung lag nun für sie sehr nahe, sich in Rom eine Genossin der Infamie zu verschaffen. Dies

mußte, durch seine Nachlässigkeit gefördert hat. Es war nämlich Sitte der damaligen Zeit, zugleich mit denen, welche Häresie lehrten,

---

ertig zu bringen, war nicht schwer. Der griechische Diakon Agatho, der die Akten schrieb, berichtet uns, daß er blos e i n e authentische Copie davon gemacht habe, diese sei in dem kaiserlichen Archiv reponirt worden, darauf einige Zeit in andere Hände gekommen und eine andere Copie davon genommen worden. Der Verdacht wird verstärkt, wenn man bedenkt, daß die authentische Copie nicht mit den Original-Unterschriften versehen war.

Führen wir uns noch Einzelheiten vor: Kaum hatte man in Rom davon Kenntniß bekommen, daß die Griechen sich erzählten, Honorius habe in seinem Briefe an Sergius den Irrthum von dem einen Willen in Christo gelehrt, so wurde d e r S e k r etär des Honorius, Abt Johannes, sofort gefragt, ob es sich wirklich so verhalte. Dieser antwortete ganz bestimmt, er als Sekretär habe an keiner einzigen Stelle des Briefes das Wort Wille, mit dem Zahlworte „Ein" gebraucht, das von dem griechischen Uebersetzer erdichtet sei. Dies glaubten fest der A b t A n a s t a s i u s und der h. M a x i m u s; unwillig über eine solche Büberei und zum Beweise ihres Glaubens verwiesen sie auf den bei den Griechen bereits zur Gewohnheit gewordenen Gebrauch, derartige Mittel anzuwenden, und man braucht übrigens den Brief des Sergius mit der Antwort des Honorius nur zu vergleichen, um sofort zu sehen, daß sie nicht stimmen. Während nämlich Sergius die Fundamentaltheorie des Monotheletismus, daß es in einem Subjekte nicht zwei Willen geben könne, ohne daß Zwietracht und Kampf entstände — eine blasphemische Annahme, bei Christus — in seinem Briefe an die Spitze setzte, verbreitet sich der Brief des Honorius darüber, zu zeigen, daß die vom Logos angenommene menschliche Natur, weil nicht verderbt von der Erbsünde, nur Einen Willen haben müsse und habe, in keiner Weise behindert durch den Willen des Fleisches. Soll das so gekommen sein aus Mangel an Kenntnissen bei Honorius? Es scheint nicht; wird er doch als ein gelehrter und geistreicher Mann gerühmt. Man darf also schließen, daß Sergius mit einem Zusatze zum Briefe des Honorius und einer Veränderung in seinem eigenen, einen Schein von Wahrheit der für seine Häresie schlecht angerufenen päpstlichen Auctorität zu geben versucht habe. Er war nicht der Mann, der sich daraus einen Strupel gemacht hätte. Weiß man ja vom Lateranconcil unter Martin I., daß er die Auctorität von Concilien geläugnet, Zeugnisse von Vätern gefälscht, deren richtigen Sinn in falschen verdreht habe, nur um seine Häresie zu bestätigen, und begegnet man ja auch in seinem Briefe an Honorius Lügen und unwürdigen Kunstgriffen. Ganz anders verhält es sich mit dem Abte Johannes und dem Abte Anastasius, die beide vom h. Maximus gelobt werden, der erste, als ein Mann von spiegelreiner Tugend, der zweite als ein vir incomparabilis virtutequo divina et prudentia venustatus. Personen und Thatsachen waren im Oriente aus dem Briefe des Papstes Johannes und den Schriften des h. Maximus bekannt. Werden also die Bischöfe des 6. Concils das Zeugniß eines unverschämten Lügners den Zeugnissen so heiliger Männer in einer so wichtigen und feierlichen Sache, wie auch die Förderer der häretischen Lehre mit dem Anathem zu belegen. Nur aus diesem Grunde wurde Honorius verurtheilt.

bie des Honorius war, vorgezogen haben? Das steht in Widerspruch mit der Aufrichtigkeit und Weisheit so vieler Prälaten. Der Brief des Honorius an den Sergius mußte in den Akten gefälscht sein. War aber das Dokument, welches das corpus delicti enthielt, interpolirt, dann sieht Jedermann ein, daß auch das hierauf sich stützende Verdammungsurtheil als interpolirt zu betrachten ist.

Die päpstlichen Gesandten hatten bestimmten Auftrag vom Papste Agatho erhalten, nicht zu gestatten, daß irgend Etwas dem von ihm an den Kaiser gerichteten dogmatischen Schreiben beigefügt oder in demselben ausgelassen werde. Nun hätten sie aber, wenn man sich an die jetzigen Akten hält, da unter den wegen der Irrlehre Verdammten in diesem Briefe der Name Honorius sich gar nicht vorfindet, den sehr wichtigen Zusatz „Honorius" zugelassen und zwar ohne Einsprache, ohne Widerspruch, ohne auch nur ein Wort der Vertheidigung vorzubringen! Und doch erhielten dieselben, als sie nach Rom zurückgekehrt waren, und vor Papst Leo II., dem Nachfolger des h. Agatho, über ihre Mission und das Concil Rechenschaft abgelegt hatten, die freudigste Anerkennung und Lob. Sollen die Gesandten aus Feigheit ihre heiligste Pflicht nicht erfüllt haben? Nein, sagen wir; denn es findet sich auch nicht die geringste Spur von solcher Schuld vor. Soll Papst Leo das Werk von untreuen Gesandten approbirt haben und konnte er gegenüber einem gemeinen Verrathe sich freuen? Nur eines kann den Knoten lösen: die Interpolation der Akten.

Noch mehr: Papst Agatho behauptet in seinem dogmatischen Schreiben Zweierlei:
1) daß alle seine Vorgänger der „gottlosen Neuheit des Monotheletismus" von seinem Entstehen an Widerstand geleistet, und offenbar weist er auch auf Honorius hin; (Vergl. Schneemann. Studien über die Honoriusfrage.) Auch Döllinger verkennt nicht, daß Agatho dies in Bezug auf Honorius gesagt habe, Hefele aber behauptet, man dürfe die Worte semper, nunquam, die Agatho gebraucht, nicht premiren. Gegen die letztere Meinung spricht jedoch unerbittlich die ganze ausführliche Erörterung und die viermalige Wiederholung derselben Sentenz. Sollte nunquam nicht premirt werden müssen, so verlöre diese Wiederholung ihre ganze Bedeutung. Wenn zudem Agatho sagt, seit dem Beginn der monotheletischen Streitigkeiten hätten die Päpste niemals unterlassen, die Patriarchen von Constantinopel zu ermahnen, daß sie wenigstens durch Schweigen von der Häresie abstehen möchten, so bezeichnet er deutlich den Honorius; kein anderer Papst hatte sich damit begnügt, die Patriarchen zum Schweigen von ihrer Irrlehre aufzufordern.

2) daß der Stuhl Petri das göttliche Privilegium habe, beständig die wahre Lehre zu verkünden.

Das Concil hat nicht nur wiederholt dieses Schreiben Agatho's approbirt, sondern hat es auch von Anfang bis zu Ende belobt. Nehmen wir auch nur einmal an, das Concil habe den Honorius wegen Häresie, die er ex cathedra gelehrt,

Beweise dafür sind sowohl seine irrthumsfreien Briefe
elbst,†) als auch das Benehmen Leo's II., der öfters der Verurtheilung
verdammt, dann tritt sofort ein doppelter Widerspruch hervor. Das Concil hätte dann
1) zu gleicher Zeit bejaht und verneint, daß alle Vorgänger des Agatho dem
Monotheletismus widerstanden. Das Concil hätte
2) zu gleicher Zeit verneint und bejaht, daß der Stuhl Petri für immer das
Privilegium habe, den wahren Glauben zu lehren.

Dieser Widerspruch wird gehoben durch die Annahme der Interpolation alles
dessen, was die Verdammung des Honorius betrifft.

Aber man hat doch Dokumente, welche das Faktum der Verdammung erwähnen.
Das ist allerdings wahr, allein wie können wir uns denn über deren Zuverlässigkeit
beruhigen? Sehen wir uns die Dokumente näher an: Es werden Briefe Leo's II.
itirt, einer von seinem Nachfolger Papst Benedikt II., und die zwei Concilien von
Toledo, d. 11. und 12. Was die zwei Concilien von Toledo anlangt, so sagen sie
nur, daß in Constantinopel der Apollinarismus und der Monotheletismus verdammt
worden seien. Der Brief des Papstes Benedikt bezeugt weiter Nichts, als das Vorhan=
densein der Briefe des Leo. In diesen finden sich offenbare Unrichtigkeiten.
Es wird behauptet, Agatho habe Erzbischöfe von verschiedenen Ländern ausgewählt und
auf das 6. Concil geschickt, während er doch Priester und Diakone ausgewählt hat;
es heißt sodann, Constantin habe die Bitte um Abhaltung eines Concils an Agatho ge=
stellt, da er sie doch an Papst Donus gestellt hat; einer der Briefe ist an den Bischof
— Primas von Spanien 683 adressirt, dieser aber war schon 3 Jahre vorher gestor=
ben! Die nachher folgenden Dokumente fußen alle auf den interpolirten vorhergehenden.
Das sind die Schwierigkeiten, die uns in Betreff der Authenticität der Dokumente
entgegentreten. Bilden dieselben auch keinen förmlichen Beweis, dann sind sie doch
immerhin von Gewicht, und die eine oder die andere ist sogar gänzlich unlösbar
für denjenigen, welcher behauptet, Honorius sei als Lehrer der Häresie
ex cathedra verdammt worden.

†) Während vorliegende Uebersetzung fast im Druck vollendet ist, erscheint
eben: Causa Honorii Papae, scripsit Carolus Josephus de Hefele, Episcopus
Rottenburgensis. Der gelehrte Herr Verfasser kommt in der quaestio prima dieser
Schrift zu dem Resultate, daß die Frage, „num Honorius aliquid ex cathedra tanquam dogma fidei praescripserit, quod tamen reapse haereticum fuit," affir-
mativ zu beantworten sei. Die Argumentation besteht darin: Honorius habe
a) den technischen Ausdruck der kathol. Kirche δύο ἐνέργειαι verworfen, dagegen
b) den specifisch häretischen ἓν θέλημα als wahr adoptirt und
c) diesen doppelten Irrthum als Glaubensregel vorgeschrieben.

Um den ruhigen Gang dieser Abhandlung nicht zu sehr zu unterbrechen, werden
wir in einem besonderen Anhange (I) aus den Dokumenten beweisen,
baß ad a) Honorius den monotheletischen Erklärungen des Sergius gegenüber
ächt katholisch lehrte, indem er das über diesen Punkt vom Concil zu Chalcedon
Definirte vortrug. Der Ausdruck vollkommener Gott und Mensch, und die zuge=

des Honorius Erwähnung thut und dafür immer besagten Grund anführt. Die Briefe des Honorius enthalten auch ganz gewiß keine Definiton, kein Dekret, keine Glaubensvorschrift. Honorius legt seine Meinung über die Sache dar und lobt den Sergius, weil er die ganze Streitfrage durch **Stillschweigen** zu unterdrücken suche.

Es konnte weiterhin auch nicht die Absicht des Concils gewesen sein, deßhalb den Honorius zu verdammen, weil er in seiner Eigenschaft als Papst, d. h. in seinem öffentlichen und feierlichen Lehramte, worum einzig es sich hier handelt, Häresie gelehrt habe. †) Denn

schriebene Wirkungsweise tilgen jeden Argwohn, als ob Honorius mit den Monotheleten das aktive Princip des Wirkens blos in den Logos verlege. Daß aber Honorius den damals von der Kirche noch **nicht definirten** technischen Ausdruck δύο ἐνέργειαι nicht selber definirte, kann ihm den Vorwurf **häretischer Lehre nicht zuziehen**;

daß ad b) das ἓν θέλημα in den Briefen des Honorius sich nur auf die **menschliche** Natur bezieht, indem der Gedankengang in denselben der ist: In der von der Erbsünde inficirten **menschlichen** Natur sind gleichsam zwei Willen im Kampfe, der eine will das Gute, der andere, durch die Schuld hinzugekommen, steht immer im Begriffe, den Willen Gottes zu bekämpfen. Nun hat aber der Logos zwar die menschliche Natur, aber nicht die Verderbniß der Schuld angenommen, und nur in diesem Sinne, sagte Honorius, gebe es in der vom Logos angenommenen **menschlichen** Natur nur Einen Willen, der von Natur wolle, was Gott will, und zwar ohne Widerstreit;

daß ad c) Honorius in der Streitfrage des Monotheletismus durchaus **nichts definirt**, sondern nur Stillschweigen geboten hat.

---

†) Wenn der Hochwürdigste Herr Verfasser der „Causa Honorii Papae" pap. 10. auf die Frage: Num concilium quoddam oecumenicum jus sibi vindicaverit sententiam ferendi de Pontifice sic decernente, eumque ceu haereticum condemnaverit dahin entscheidet: Synodum oecumenicam VI.

1) jus sibi vindicasse sententiam ferendi de Papa ex cathedra loquente; et
2) condemnasse ipsius ex cathedra datum fidei decretum, eumque anathemate perstrinxisse eo, quod haereticam doctrinam confirmasset, so erscheint doch in der Ausführung sofort schon ein Umstand von der größten Bedeutung nicht hinreichend miterwogen, die entschiedene Vertheidigung des Honorius nämlich durch seine Zeitgenossen. Für die Rechtgläubigkeit des Honorius traten auf der Abt Johannes, der Papst Johannes IV., der heil. Maximus, welche alle zugleich Untersucher der Sache waren, und das Concil im Lateran, welches bei der Verurtheilung der des Monotheletismus Beschuldigten den Honorius noch gar nicht erwähnt. Zwischen dieser Vertheidigung durch die Zeitgenossen und dem Urtheilsspruch durch das öcumenische Concil liegt aber ein Zeitraum von 40 Jahren. Im Anhange (II) werden wir sehen,

ieses selbe Concil erklärte zugleich feierlich, der Römische Bischof ei, wenn er dieses Lehramt ausübe, von der ganzen Kirche zu hören und könne deßhalb auch nicht irren. Der h. Agatho drückt sich in den schon erwähnten Briefen, die er seinen Legaten mitgab, bestimmt aus, sie hätten keine andere Befugniß, als das auseinan= derzusetzen, was der apostolische Stuhl bereits definirt habe, und es sei auch dem Concil nicht erlaubt, daran Etwas zu ändern, son= dern „Alles sei an Wort und Sinn unangetastet zu bewahren." In einem Briefe an die Väter theilt er dasjenige mit, was Martin I. und er selbst auf einer Römischen Synode bestimmt hatte und schärft abermals ein, es sei nicht erlaubt, darüber, wie über Ungewisses zu streiten. Indem er weiter in beiden Briefen das Amt und die Lehrgewalt Petri und seiner Nachfolger nach den Worten des Evangeliums bespricht, sagt er: „Da Petrus dieser apostolischen Kirche vorstehe, so sei dieselbe noch nie vom Wege der Wahrheit ab in die Irre gegangen: seiner Auctorität, als der des Fürsten aller Apostel, habe sich allezeit die ganze katholische Kirche und alle Synoden gläubig angeschlossen und seien ihr in Allem gefolgt." Dasselbe also, was Leo der Große dem Concil zu Chalcedon vorschrieb, gab Agatho diesem zu Constantinopel als Norm seines Handelns an. Die Väter gehorchten aber nicht blos, sondern schrieben auch in Betreff des Briefes selbst, in welchem die oberste Lehrge= walt des Papstes so klar und deutlich ausgesprochen ist, zurück: „Der Brief kam an, wir nahmen Einsicht davon, und Petrus sprach durch Agatho."*)

auf welche Weise diese historische Verwickelung sich löst, wie die Vertheidigung des Honorius sich auf das Dogma, das er verkündete, das Verdammungsurtheil aber auf seine Praxis bezieht, und wie so Alles im Einklang steht. Auch Honorius besaß keine Impeccabilität; weil er nachläßig seines Amtes gewartet, aber nicht weil er Häresie gelehrt, ist er verdammt worden.

*) „Was hat es der Häresie der Monotheleten genützt, daß sie es fertig gebracht hat, einen Papst zu überlisten? Das Anathema, welches ihm den ersten Stoß versetzte ist um Nichts weniger von jener Lehrkanzel ausgegangen, die der Monotheletismus ver= gebens für sich zu gewinnen suchte, und das 6. allgemeine Concil hat mit nicht weniger Kraft begeistert ausgerufen: Petrus hat durch Agatho gesprochen. Alle andern Häresien haben von derselben Lehrkanzel den Todesstoß erhalten. So ist die römische Kirche,

Ebenso ging's auf dem 7. öcumenischen Concil, dem 2. zu Nicäa (787). Papst Hadrian I. überschickte durch seinen Legaten eine Glaubensdefinition über die Verehrung der Bilder, und die ganze Synode nahm dieselbe an. Der Patriarch Tharasius sprach sich für die Nothwendigkeit der demüthigen Unterwerfung unter den Römischen Glauben, „der in der ganzen Welt verkündet werde," laut aus, und die Bischöfe unterzeichneten das Dekret des Concils in dieser Formel: „Secundum synodicas epistolas beatissimi Papae, senioris Romae, Hadriani."*)

Das Alles geschah vor dem griechischen Schisma und geschah in der orientalischen Kirche. Auf welchen Grund hin wagen nun die Gegner noch die Entstehung und Verbreitung der Lehre von der obersten Lehrgewalt des heil. Stuhles erst in die Zeit nach dem Abfall der orientalischen Kirche zu versetzen? Wir haben gehört, daß dieselbe von den ältesten Vätern der lateinischen wie griechischen Kirche gelehrt, und durch die Verheißungen und Aufträge Jesu Christi als wahr bestätigt wird; wir haben dieselbe sogar von öcumenischen Concilien, die im Oriente selbst abgehalten wurden, durch Wort und That proclamiren sehen.

Aus der bei Allen festwurzelnden Ueberzeugung, daß in den folgenden Jahrhunderten bis auf die Gegenwart die Päpste diese Lehrgewalt ausgeübt haben, glauben wir endlich einen Schluß ziehen zu dürfen, der durch sich allein die ganze Streitfrage zu Ende zu führen im Stande ist. In dieser ganzen Zeit, sagen wir, war der heil. Stuhl ein stets fließender Quell, dem allezeit Glaubensdekrete entströmten. Wenn diese Dekrete nun in sich selbst nicht fest und unabänderlich sind, wenn, um die Gefahr des Irrthums auszuschließen, der Consens der Bischöfe hinzutreten muß, so können und müssen die Bischöfe unter schwerer Verpflichtung dieselben prüfen, und zwar nicht in Weise einer einfachen Durchsicht und Kenntnißnahme,

---

immer jungfräulich rein, der römische Glaube immer der Glaube der Kirche; man glaubt dort immer, was man geglaubt hat, überall dieselbe Stimme, und Petrus bleibt in seinen Nachfolgern das Fundament der Gläubigen. Das sind Worte Jesu Christi, und Himmel und Erde werden eher vergehen als seine Worte." Bossuet, Discours sur l'unité de l'église.

*) Harduin, tom. V., pag. 144.

ndern in Weise einer eingehenden Untersuchung, welche ihnen die vollste Ueberzeugung von der Wahrheit ihres Inhalts beizubringen vermag. Dies schulden sie dann nicht blos ein Jeder seiner Diöcese, sondern auch der ganzen Kirche. Wenn nach der Einrichtung des göttlichen Stifters die Gültigkeit oder Ungültigkeit der Entscheidungen des heil. Stuhles von den Meinungen der Bischöfe abhängig ist, so sind alle Bischöfe solidarisch verpflichtet, für die Abwehr jeden Irrthums von der Kirche Sorge zu tragen. Daher können sie vor einer sorgfältigen Prüfung die päpstlichen Dekrete nicht nur nicht promulgiren, sondern dürfen auch nicht einmal dazu stillschweigen. Das war nun aber nie Gebrauch, weder heute noch in den früheren Jahrhunderten. Oder verlegen sich etwa die Bischöfe nach Empfang der apostolischen Dekrete zuerst auf entsprechende Studien, versammeln sie Gelehrte um sich, um mit diesen erst festzustellen, ob vielleicht in den päpstlichen Dekreten ein Irrthum untergelaufen sei? Nein, sie nehmen die Dekrete mit voller Unterwerfung an und sorgen für ihre allgemeine Anerkennung. Sie suchen nur die definirte Sentenz recht zu verstehen und Argumente zu sammeln, die Andere von deren Wahrheit überzeugen können. Wir müssen also den Schluß ziehen: **Entweder haben alle Bischöfe des Erdkreises die heiligste Pflicht ihres Amtes fortwährend außer Acht gelassen und thun dies noch, oder aber sie haben immer geglaubt und glauben noch, daß den Entscheidungen des Papstes in Sachen des Glaubens kein Irrthum unterlaufen könne.**

VI.
Die oberste Lehrgewalt des Papstes in der Kirche wird durch öcumenische Concilien bestätigt.

Aus Thaten und Worten des IV., VI. und VII. öcumenischen Concils, welche wir in sorgfältige Erwägung gezogen haben, leuchtet klar ein, welche Ansicht zu jener Zeit die Hirten der Kirche über die Lehrgewalt des h. Stuhles hegten. Die Auctorität derselben sei nämlich so groß, daß jeder Erlaß in Glaubenssachen, der aus jener Quelle hervorgegangen, als fest und unumstößlich gelten müsse. Nunmehr chicken wir uns an, diese Lehre und was damit zusammenhängt, daß nämlich die Dekrete des Römischen Stuhles keinem Irrthum unterworfen sind, auch in ausdrücklichen Concilienbeschlüssen nachzuweisen.

An erster Stelle begegnet uns da die berühmte Glaubensformel des Hormisdas. Dieser Papst, welcher vom Jahre 514 bis 523 der Kirche vorstand, fertigte zur Beilegung des Acacianischen Schismas eine Glaubensregel an, welche zu jener Zeit der Patriarch von Constantinopel, der Kaiser Justinian, alle Bischöfe des Orients, sowie die spanischen Kirchenfürsten unterschrieben, und welche später auch dem achten öcumenischen Concil (869—870) vorgelegt und von allen Vätern der griechischen und lateinischen Kirche unterzeichnet wurde. Die Formel hebt also an: „Die erste Heilsbedingung ist, die Regel des rechten Glaubens zu bewahren und von den Beschlüssen der Väter in keiner Weise abzuweichen. Und weil das Wort unseres Herrn, der da sagt: Du bist Petrus u. s. w. nicht umgangen werden kann, so wird das, was hier gesagt worden, durch die eingetretenen Wirkungen bestätigt, indem auf dem apostolischen Stuhle die katholische Religion allzeit unbefleckt bewahrt worden ist." Die Väter bekannten durch ihre Unterschrift offen sowohl die Thatsache: Die Nachfolger Petri sind nie vom wahren Glauben abgewichen; als auch den Grund dieser Thatsache, d. h. die Verheißung Jesu Christi, wodurch die Fortdauer derselben auch für alle zukünftige Zeit sicher gestellt wird. Daher ist auch am Schlusse der Formel zu lesen: „Deßhalb hege ich die Hoffnung, wenn ich in Allem dem apostolischen Stuhle folge und alle seine Bestimmungen bekenne, daß ich verdiene in Einer Gemeinschaft mit Euch zu sein, die der apostolische Stuhl verkündigt, in dem die vollkommene und wahre Festigkeit der christlichen Religion ist; gelobe zugleich, daß die Namen der von der Gemeinschaft der katholischen Kirche Getrennten, d. h. aller mit dem apostolischen Stuhle nicht Uebereinstimmenden während der Feier der hh. Mysterien nicht zu nennen sind." †)

Auf dem letzten allgemeinen Concile also, welches vor dem Schis-

---

†) Vergl. Antijanus pag. 43. Auch die Defensio declar. Cleri Gall. P. III. L. X. c. erkennt den langen Gebrauch der Formel an.

na des Photius abgehalten worden, haben alle Griechen die oberste
Auctorität des Papstes, die ja den Angelpunkt unserer Frage bildet,
durch das Versprechen, in dem Glauben des apostolischen Stuh-
es zu verharren, offen bekannt, weil nämlich dadurch gemäß der
Verheißung unseres Heilandes die Religion immer rein und unver=
sehrt bewahrt werde. Nach dem Ausbruche des Schismas aber spra=
chen sie den Nachfolgern des h. Petrus nicht nur den Primat der
Regierungsgewalt, sondern auch den der Lehrgewalt ab. Und deß=
halb treffen wir vorzüglich auf jenen Concilien, die sich die schwere
Aufgabe der Wiedervereinigung gestellt, nämlich auf dem zweiten zu
Lyon (1438—1445) und auf dem zu Florenz (1438—1445), neue
und hervorragende Dokumente über den Principat des h. Stuhles.†)
Auf ersterem haben die Legaten des Kaisers Michael Paläologus, der
die Vereinigung wünschte, ein ihm von Clemens IV. vorgelegtes
Glaubensbekenntniß verlesen, worin es heißt: „Auch hat die heil. Rö=
mische Kirche den obersten und vollen Primat und den Vorrang
über die ganze katholische Kirche inne, den sie vom Herrn selbst im
h. Petrus, dem Fürsten und Haupt der Apostel, dessen Nachfolger
der Papst in Rom ist, mit der Fülle der Gewalt empfangen
zu haben wahrhaft und demüthig anerkennt. Und wie sie vor den
übrigen zur Vertheidigung des wahren Glaubens verpflichtet ist, so
müssen auch die in Betreff des Glaubens sich erhebenden
Fragen durch ihr Urtheil entschieden werden."

In dem von griechischen und lateinischen Vätern auf der Flo=
rentinischen Synode unterzeichneten Unionsdekrete aber lautet der
letzte Artikel also: „In gleicher Weise erklären wir endlich, der h. apo=
stolische Stuhl und der Papst zu Rom sei im Besitze des Primates
über die ganze Erde und der Papst in Rom selbst sei der Nachfolger
des h. Petrus, des Apostelfürsten, und stehe da als wahrer Stellver=
treter Christi, als Haupt der gesammten Kirche und als Va=
ter und Lehrer der Christen; ihm sei im h. Petrus von unserm
Herrn Jesus Christus die volle Gewalt übergeben worden, die ganze
Kirche zu weiden, zu regieren und zu leiten, wie dieses auch in den

---

†) Vergl. De la Monarchie pontificale par le R. P. Dom Prosper Guéranger pag. 240, „La doctrine des conciles oecumeniques antérieures a préparé
la définition expresse de l'infaillibilité du Pape."

Verhandlungen der öcumenischen Concilien und in den h. Canonen enthalten ist."

Wenn nun aber nach der Bestimmung der Synode zu Lyon Glaubensfragen durch das Urtheil des Papstes zu Rom entschieden werden müssen, so muß zweifelsohne diese Glaubensbestimmung des Papstes von der Kirche festgehalten und geglaubt werden. Entweder ist also der Kirche die Verheißung, daß sie nie von der Wahrheit abfallen werde, nicht gegeben, oder der Papst wird bei der Entscheidung über Glaubensfragen durch besonderen göttlichen Schutz vor Glaubensirrthum bewahrt.

Döllinger muß wohl die Richtigkeit dieses Schlusses einsehen. Wie will er sich da nun vorbeischaffen? Jenes Glaubensbekenntniß, sagt er, sei zwar in Gegenwart der Väter vorgelesen worden, aber diese hätten ihr Urtheil darüber nicht ausgesprochen.†) Aber warum wurde es denn vorgelesen? und was bezweckte überhaupt die ganze Verhandlung? Der Kaiser verlangte Wiederaufnahme mit den Seinen in die Römische Kirche. Nun mußte man aber die Verstattung eines solchen Schrittes offenbar vor allem Andern an die Bedingung des Bekenntnisses des wahren Glaubens knüpfen. Nach Anhörung des Glaubensbekenntnisses nahmen ihn daher die Väter auf; und doch sollen sie dadurch ihre Meinung über dieses Glaubensbekenntniß nicht offenbart haben!

In ähnlicher Weise wie aus diesem Glaubensbekenntniß läßt sich aus einem Artikel des Concils von Florenz argumentiren. Was will denn das besagen: die Kirche ist unfehlbar? Es will sagen: Die hörende

---

†) Augsburger Allgemeine Zeitung, 21. Januar 1870; vergleiche übrigens „Doktor Döllinger und die Petition der Bischöfe an das Concil", Trier 1870, Linz'sche Buchhandlung S. 28: „Döllinger gesteht, im Widerspruche mit sich selber, ein, daß das in Rede stehende Glaubensbekenntniß von Papst Clemens dem Kaiser Michael auferlegt und von diesem in das Genehmigungsschreiben, das er auf dem Concil verlesen ließ, eingerückt worden sei. Es wurde wirklich auf dem Concil dieses Glaubensbekenntniß vorgelesen, und ohne irgend einen Widerspruch von den Vätern angenommen. Wären die versammelten Väter anderer Ansicht gewesen, so hätten sie sicher in einer so wichtigen Sache, da es sich um eine Glaubensformel zur Wiederaufnahme der Schismatiker in die Kirche handelte, nicht geschwiegen. Selbst die Gallikaner begnügen sich ja mit der stillschweigenden Zustimmung der Bischöfe, damit die päpstlichen Entscheidungen zu obligatorischen werden. Der stillschweigende Consens der Bischöfe ist hier unbestritten vorhanden. Was will man mehr?"

Kirche kann beim Hören und die lehrende Kirche kann beim Lehren unmöglich vom wahren Glauben abfallen. Doch ist diese Gabe, durch welche die Kirche vor allem Irrthume bewahrt wird, nicht Allen verliehen, welche Lehrgewalt in der Kirche besitzen. Wenn nun aber auch der sie nicht hat, der die **Vollgewalt besitzt, die ganze Kirche zu lehren**, wo ist sie dann zu finden? Außerdem haben wir gleich im Anfange dieser Abhandlung in Erwägung gebracht, die Lehrgewalt in der Kirche sei keineswegs eine bloße Befähigung oder Erlaubniß, den Glauben Christi zu übermitteln, sondern auch eine **Ermächtigung und ein Recht**, über diesen Glauben zu entscheiden und die untergebenen Gläubigen zum Glauben und Bekenntniß dieser Entscheidungen zu verpflichten. Nur dann hat also die Kirche volle Lehrgewalt, wenn sie Alle bindet und in allweg bindet. Hiermit stoßen wir wieder auf den frühern Satz: In dieser Kirche, welche die göttliche Verheißung hat, stets die Wahrheit zu erkennen und zu bekennen, ist eine Alle zum Glauben verpflichtende Gewalt nicht denkbar ohne **einen besonderen göttlichen Beistand, der die Gefahr des Irrthums ausschließt**.

Wenn man nun auch hier einwendet: Allerdings sind die Dekrete des obersten Hirten fest und sicher, aber nur, wenn die Bischöfe sie gutheißen: so läugnen wir geradezu, daß derjenige eine volle Gewalt hat, dessen Erlasse erst durch die Zustimmung eines Andern bestätigt werden. Oder hat vielleicht der König volle gesetzgebende Gewalt, dessen gesetzliche Bestimmungen nur durch die Beistimmung des Adels oder des Volkes bindende Kraft erlangen? Warum heißt in den constitutionellen Monarchien die Abgeordnetenversammlung „gesetzgebender Körper"? Nur deßhalb, weil nicht der Monarch, der die Gesetze abfaßt und in Vorschlag bringt, sondern jene, die dieselben genehmigen, im Grunde die eigentlichen Gesetzgeber sind. Der Papst besitzt also keine volle Lehrgewalt, wenn seine Dekrete durch die Zustimmung der Bischöfe oder Gläubigen erst bestätigt werden. Sind sie aber an sich ohne dieses fest und gültig, so sind sie infallibel.

Mit diesen aus den Dekreten des Concils gezogenen Schlußfolgerungen treten wir nicht in Widerspruch mit dem Sinne der Väter, im Gegentheil, wir werden diesem vollständig gerecht. Die Concilien-Akten berichten uns nämlich: „Dem Auftrage des Papstes zufolge legten die Theologen unter dem Vorsitze eines der Cardinäle den griechischen Vätern die Capitel des Dekretes einzeln aus. Als man nun zum Schlusse gekommen, wo Bestimmungen über den Papst standen, erhob sich Johannes von Montenigro aus der Reihe der Theologen und erklärte, es begriffen die Worte über die volle Lehrgewalt Dreierlei in sich: 1) Es ist dem h. Petrus und seinen Nachfolgern übertragen, alle Schafe zu weiden; 2) der apostolische Stuhl ist nie in einem Irrthume befangen gewesen, sondern verblieb stets im unbefleckten Glauben; 3) sein Ansehen ist so groß, daß die ganze Kirche und alle Synoden ihm getreu folgten und die katholischen Väter immer seine apostolische Lehre annahmen; ferner jene Worte: „Damit dein Glaube nicht wanke," werden vom apostolischen Stuhle verstanden; er ist frei von Häresie, und dieser apostolische Lehrstuhl, der römische Bischof hat die Aufgabe, alle im Glauben wankenden Brüder zu stärken."*) Da also der Artikel des Dekretes in diesem Sinne öffentlich und authentisch erklärt worden ist, so müssen wir erachten, er sei auch in demselben Sinne von den Vätern angenommen und unterschrieben worden. Deßhalb nehmen auch sehr bedeutende Auctoritäten keinen Anstand zu behaupten, die Unfehlbarkeit des Römischen Stuhles sei schon von der Synode zu Florenz definirt worden.**)

Aber, sagen die Gegner, nicht ohne Grund ist jene Clausel über die Concilienakten und Canones beigefügt; es heißt nämlich diese Clausel nicht: „Wie es auch in den Akten der öcumenischen Concilien und den hh. Canones enthalten ist", sondern vielmehr nach dem griechischen Texte: „Nach der Weise wie es sowohl in den Akten als in den hh. Canones der öcumenischen Concilien enthalten ist."***) Nach dieser Uebersetzung habe deßhalb schon de Marca sehr richtig bemerkt:****) „Wenn man den griechischen Text in seinem wahren Sinne versteht, so enthalten die Worte eine Einschränkung, die sich auf die Ausübung der päpstli-

---

*) Labbé, Conc. oll., tom. XVIII., col. 1156.
**) Muzzarelli, ll buon uso della Logica, Opusculo lll., Primato e infallibilità del Papa.
***) Καθ' ὅν τρόπον καὶ ἐν τοῖς πρακτικοῖς τῶν συνόδων οἰκουμενικῶν καὶ τοῖς ἁγίοις κάνοσι διαλαμβάνεται.
****) Concord. Sacerd. et imperii, lll., 8.

hen Gewalt bezieht, ähnlich derjenigen, welche die gallikanische Kirche vertheidigt; während aus der verdorbenen lateinischen Lesart allerdings gefolgert wird, die Gewalt des Papstes sei eine volle, wie dies a auch durch die Concilienakten und hh. Canones bestätigt wird."*) Das also geben die Gegner selbst zu, daß in jenem Dekrete nach der von uns gegebenen lateinischen Lesart zweierlei enthalten sei; 1) daß dem Papste die Lehrgewalt zukomme, nicht nach der Einschränkung der Gallikaner, d. h. abhängig von dem Consens der Bischöfe, sondern die oberste; 2) daß die Concilienakten und hh. Canones eben dies bestätigen.**) Nun ist aber in Wahrheit die lateinische Lesart durchaus zulässig; sie ist nämlich nicht verfälscht, sondern ächt. Es ist die Lesart, welche außer andern alten, schon längst von gelehrten Männern in dieser Controverse citirten Codices, das zu Florenz befindliche Originaldekret selbst hat, und welche auch in authentischen, im Vatikanischen Archive aufbewahrten Exemplaren zu finden ist. Zacharias nahm deßhalb schon Anlaß, die Kühnheit des Febronius zu rügen, weil er „die (schon so oft evident widerlegten) eiteln Conjekturen des Pariser Bischofs (de Marca) wieder auftische."***) Obgleich aber auch der griechische Text so gut authentisch ist wie der lateinische, da die Väter beide zugleich unterzeichnet haben, so muß man doch bei Zweifeln über den wahren Sinn, den griechischen Text aus dem lateinischen erklären, weil das Dekret anfänglich in lateinischer Sprache abgefaßt, und darnach erst in's Griechische übersetzt wurde. Vergeblich behauptet aber Döllinger mit de Marca, die gewöhnliche lateinische Lesart stimme nicht mit der griechischen überein. Wenn wir etwas zugeben, so können wir höchstens sagen, der griechische Text sei zweideutig. Endlich auch eingeräumt, die Lesart der Gegner sei die richtige, so möge der Leser nach dem Gesagten sein Urtheil fällen, ob nach den Akten und Beschlüssen der Concilien die päpstliche Gewalt eine Einschränkung und Begrenzung erleide, wie die Gallika-

---

*) So Döllinger jüngst in der Augsbg. Allg. Ztg., 21. Jan. 1870.
**) Diesen doppelten Unterschied machte schon der heil. Antonin, der dem Concil beiwohnte. Vergl. Apparatus super decreto unionis Graecorum.
***) Antifebronius tom. I. diss. 2., c, 2; Antifebronius vindicatus, tom II. diss. 4, c. 3; **Mamachi**. De Rom. Pontif. l. VII.

ner wollen, oder ob sie sich nicht vielmehr als die **oberste**, unbeschränkte und unabhängige darstellt. †)

Döllinger wagte übrigens noch dreistere Behauptungen; er läugnet die Oecumenicität der Florentinischen Synode,*) die Synode von Constanz dagegen, und insbesondere die Dekrete der 4. u. 5. Sitzung „von der Superiorität eines allgemeinen Concils über den Papst erklärt er für wahr und rechtskräftig, als von den Päpsten selbst bestätigt und recipirt." **)

Allein die Florentinische Synode wurde denn doch vom Papste als eine öcumenische angesagt, abgehalten und bestätigt, und ist auch von der Kirche insgesammt mit Ausnahme von Frankreich als eine öcumenische angenommen worden. Welche Beweise führt nun Döllinger an, um seine mehr als kühne Behauptung plausibel zu machen? Zuerst sagt er, hätten aus mehreren Reichen, besonders aus denen des Nordens gar keine, aus anderen dagegen nur wenige Bischöfe der Synode beigewohnt. Wenn dieser Beweisgrund Geltung hätte, so wären viele öcumenische Concilien, besonders der alten Zeit nicht legitim. Denn es ist bekannt, daß auf den im Oriente abgehaltenen Synoden, mit Ausnahme der I. zu Nicäa, außer den päpstlichen Legaten entweder wenige oder gar keine Bischöfe des Abendlandes sich einfanden, ja daß sogar nicht einmal immer Bischöfe aus jedem Patriarchate des Orientes gegenwärtig waren. Zweitens erklärt Döllinger, die Griechen seien nicht frei gewesen, sondern durch Mißhandlung und Intriguen der Lateiner zum Unterzeichnen genöthigt worden, eine Behauptung, zu deren Stütze er Nichts als alte Verläumdungen beibringt, die er, ohne zu erröthen, für geschichtliche Fakta ausgibt. Endlich behauptet er, das Concil von Florenz sei in Frankreich nicht recipirt worden, Cardinal Guise habe dies vor der Versammlung zu Trient erklärt und keine Stimme sei gegen ihn laut geworden. ††)

---

†) Vergl. Dr. Döllinger und die Petition der Bischöfe ans Concil. Trier 1870. pag. 28. ff.
*) Augsb. Allg. Ztg. 21. 1870.
**) Erwägungen n. 15 u. 16.
††) Der Cardinal Guise äußerte dieses allerdings, aber **nicht** vor der Versammlung zu Trient, sondern in einem Briefe an seinen römischen Sekretär (Pallav. 19. 10. 19), und darüber verlautete auf dem Concilium von Trient nichts. Di

Wir begnügen uns hier die Folgerung abzuweisen, als könne dies Faktum bei der Beurtheilung der Legitimität und Oecumenicität des Florentinums irgendwie maßgebend sein. Wird eine Synode in irgend einem Reiche nicht recipirt, so kann dies gegen die bindende Kraft der Disciplinarcanones in diesem Reiche wohl beweisen, nicht aber gegen den Charakter der Oecumenicität, so daß auch die Verwerfung der dogmatischen Dekrete noch frei stände. Oder hat das Concil von Trient vielleicht anders geurtheilt? Im Gegentheil, aus seinen Akten geht unabweislich hervor, daß sein so wichtiges Dekret über die Schrift und Tradition sich vorzugsweise auf das Ansehen des Florentinischen Concils gestützt hat.*) Was aber die Kirchenversammlung von Constanz angeht, so lesen wir bei dem gelehrten Vater des gegenwärtigen Vatikanischen Concils, Bischof Hefele: daß die Behauptung der Gallikaner falsch sei, die ersten (nämlich die vor der 41. abgehaltenen) Sitzungen hätten die Bestätigung des Papstes Martin V.

Wahrheit an der Sache ist, daß Frankreich seit 1438 allerdings seine eigenen Wege ging. König Karl VII. untersagte seinen Bischöfen, nach Florenz zu gehen, und schuf vollends eine Art Schisma, in welchem Frankreich bis 1517 verblieb. Nur die größte Milde der Päpste hinderte, daß das Schisma zu einem beclarirten wurde. Das Concordat des Jahres 1517 entfernte zwar diese fast schismatischen Zustände, belehrte und bekehrte aber nicht sofort schon alle Geister, deren es noch nach dem Tridentinum viele in Frankreich gab, welche das Concil von Florenz nicht als ein legitimes ansahen. Es war aber dieser Irrthum weder ein allgemeiner in Frankreich, wie Döllinger behauptet, noch dauerte er bis zur französischen Revolution. Auch herrscht eine fast allgemeine Uebereinstimmung unter den französischen Theologen in Anerkennung des Florentinums, welcher sich selbst die bedeutendsten Gallikaner, wie z. B. Bossuet, Natalis Alexander, Tournely, Juenin, Dupin, Habert nicht entziehen. Daß auch die Versammlung der französischen Bischöfe im Jahre 1655 das Concil von Florenz ebenso wie das von Trient anerkannte und sich auf beide allgemeine Concilien berief, ist allgemein bekannt. —

*) Card. Pallav. Hist. Conc. Trident. lib. VI. cap. 11. Als über dieses Dekret verhandelt wurde, warf der Episcopus Clodiensis ein: „Dürfen wir in blinder Uebereilung diese Traditionen genehmigen, gerade so wie wir die hh. Schriften annehmen, indem wir uns auf ein angeblich von der Florent. Synode erlassenes Dekret stützen, das in Wahrheit nicht dieser Synode angehört, da selbige mit der letzten Sitzung vom Jahre 1439 zu Ende war, das genannte Dekret aber vom 4. Januar 1441 datirt ist? Dieses Argument machte Eindruck auf die Väter. Allein der Cardinal-

erlangt." *) Doch lassen wir Döllinger hier gegen sich selber sprechen. In seiner Kirchengeschichte hat er weitläufig bewiesen, daß **weder das Concil von Constanz, noch das von Basel, bei Ausgabe der fraglichen Dekrete legitim gewesen seien.** Mit beredten Worten weist er nach, **daß diese Dekrete nie vom heiligen Stuhle bestätigt worden, ja daß sie nicht einmal von den gallikanischen Bischöfen, welche an der Synode Theil nahmen, als gültig anerkannt worden sind.****)

VII.

Mit welcher Sicherheit kann man sich an diese oberste Auctorität des Papstes halten?

Joseph d'Aguirre spricht die Behauptung aus, die von uns vertheidigte Sentenz sei, was einige Orthodoxe aus der Zeit des Constanzer Concils auch Gegentheiliges gemeint haben, nicht ein

---

Legat antwortete, die Griechen seien allerdings im Jahre 1439 nach Abschluß des Unionsdekretes nach Hause gereist, die Synode aber sei in legitimer Weise fortgesetzt worden, was er denn auch durch Beibringung autographischer Documente bewies. Die Väter zweifelten daher auch nicht im Mindesten an der **Öcumenicität des Florentin. Concils**; nur über die Dauer desselben erhob man Bedenken. Pallavicini aber fügte zu der Erzählung die wichtige und die gerade in unserer Zeit **opportune Mahnung** bei: „So zeigt es sich, daß manche sehr schwierige und auf den ersten Schein unwiderlegbare Dinge, die den alten und legitimen Ueberlieferungen **widersprechen**, nur aus dem Schatten des dunkeln Alterthums zusammengewehte Gespenster sind. Besitzen wir auch nicht immer Einsicht genug, um dieselben zu verscheuchen, so darf uns doch die Stärke nicht fehlen, dieselben zu verachten; verriethe es doch entweder Trägheit oder Dünkel, wollten wir den weiten Umfang der Wahrheit in die engen Schranken **unseres Wissens** einzwängen, und darnach glauben, ein Argument, das irgend eine allgemeine Ueberzeugung aus ihrem alten und friedlichen Besitzstande vertreiben will, könne nicht entkräftet werden, weil wir gerade die Art und Weise es zu vernichten nicht ausfindig machen können."

---

*) Conciliengeschichte Bd. VII.
**) Kirchengeschichte. Band 2. Seite 306 ff; 325 ff. und ganz besonders S. 338—340

offene Frage sondern erweise sich als eine nach katholischem Glauben sichere Sentenz. Er gibt sodann die hierhin gehörigen Schriftstellen an, und indem er dann zur Tradition übergeht, sagt er: „Wir behaupten und erbringen dafür den Beweis, daß die Auctorität des Papstes über Glauben und Sitten endgültig und irreformabel zu entscheiden, aus der apostolischen Tradition herstammt und also aus diesem Grunde glaubenssicher ist." Etwas abgeschwächter ist das Urtheil von Melchior Canus: „Wir wollen nicht hier dem Entscheid der Kirche vorgreifen, aber wenn die Sache vor ein allgemeines Concil käme, so wird jener Irrthum (nämlich, daß der apostolische Stuhl vom wahren Glauben abweichen könne) mit dem Zeichen der Häresie gebrandmarkt werden." An derselben Stelle wiederholt er jedoch noch einmal: „Ich will dem Urtheil der Kirche nicht vorgreifen;" und fährt dann fort: „Wie es scheint, greife ich aber nicht vor, da die Sprache der Kirche selbst schon unsere Ansicht über die Auctorität des Römischen Stuhles vollständig gebilligt hat. Es wird mir aber dieses Bekenntniß recht schwer aus Rücksicht auf einige gelehrte und fromme Männer, welche unsere Ansicht nicht theilen."**)
Ganz in derselben Weise urtheilen mit Bellarmin***) viele Andere, welche die Behauptung, der Papst könne in Glaubensdekreten irren, für ‚erronea‘ und ‚haeresi proxima‘ erklären, und consequent die entgegengesetzte Meinung nicht nur als eine gewisse, sondern auch als eine fidei proxima. Ganz anders einige Schriftsteller der Jetztzeit, und insbesondere ihr Vorkämpfer Döllinger. Jene Sentenz nennt er bald Hypothese, bald Vermuthung, bald wissenschaftliche Meinung und behauptet geradezu, nie sei sie wirklich geglaubt worden, auch nicht von ihren eigenen Vertheidigern, und könne auch nicht fide divina geglaubt werden. Denn fide divina könne in Wahrheit nur das geglaubt werden, was als Wahrheit geoffenbart und von der Kirche so vorgestellt sei, daß sie das Gegentheil als offenbare Irrlehre verwirft. ****) Aber noch nicht genug. Im Anfange seiner ‚Erwägungen‘

---

*) Defensio Cathedrae S Petri. In prooemiis disput.
**) De loc. theol. I. VI, cap. 7.
***) Controv. de Rom. de Pont. l. IV. cap. 2.
****) In der A. A. Zeitung, vergl. dagegen „Doktor Döllinger und die Petition der Bischöfe an's Concil" S. 13 und ff.

erklärt er im Professorentone, die Kirche habe stets gewissenhaft gewacht, daß Nichts in ihrer Mitte fortgepflanzt werde, was nicht immer, überall und von Allen geglaubt worden sei. Darum könne eine Sentenz, welche nicht immer von der ganzen Kirche geglaubt worden, sondern erst in einer gewissen Zeit entstanden sei, nie zur Würde eines Dogmas erhoben werden, es sei denn, daß man sie evident aus andern Glaubensartikeln ableite. Die Sentenz der päpstlichen Infallibilität sei nun aber erst im 13. Jahrhundert enstanden und vom h. Thomas, der sich durch etliche unächte Zeugnisse griechischer Väter habe täuschen lassen, in die Theologie eingeführt worden.

An einer andern Stelle wähnt er, die Aufgabe des Lehramtes der Kirche bestehe nur in der Bezeugung dessen, was immer, überall und von Allen geglaubt worden sei, und er hält es kaum für möglich, daß die Gläubigen zu der Ueberzeugung kämen, in Zukunft könne nicht mehr blos die Körperschaft der Bischöfe in Verbindung mit dem Papste, sondern auch der Papst allein Zeugniß von dem allgemeinen Glauben ablegen.

Es ist uns nun vollends unmöglich, zu begreifen, wie Mehreres in diesen Argumenten noch mit den Grundsätzen der heiligen katholischen Lehre im Einklang stehen kann. Natürlich bekennen wir Alle fest, das, was immer, überall und von Allen geglaubt worden, gehöre zum katholischen Glauben; aber wie wird man uns die Ueberzeugung beibringen, außer diesem könne Nichts zum Glauben gehören? Der himmlische Bräutigam hat seiner Kirche verheißen, nie werde die Hölle über sie triumphiren, und nie werde sie vom wahren Glauben abfallen; hat er ihr aber auch verheißen, daß in ihr Alle den ganzen Glauben festhalten werden? Verstände man unter den in diesem Satze genannten Allen auch nur und allein die Bischöfe, so gab es ja doch zu jeder Zeit Bischöfe genug in der Kirche, die irgend einen Punkt der Offenbarung nicht kannten oder läugneten. Und würde es auch in diesem Falle wohl je nöthig gewesen sein, daß die Kirche noch ausdrücklich bestimmte, was zu glauben sei, oder kann diese Nothwendigkeit in Zukunft irgend einmal eintreten, wenn nur das zum Glauben gehört und von der Kirche aufgestellt werden kann, was Alle überall und stets geglaubt haben? Es ist doch wahrhaftig nicht nothwendig das zu glauben vorzustellen, was bereits Alle glauben. Außerdem behauptet Döllinger, es könne nur solches definirt werden, was in andern wirklichen Glaubensartikeln der Möglichkeit nach (in potentia) enthalten, und dann vermittelst einer evidenten Schlußfolgerung daher abgeleitet wird.

Aber wir bitten doch einmal einen andern Glaubensartikel namhaft zu machen, der die Geheimnisse der hh. Dreifaltigkeit, der Menschwerdung und der Eucharistie so enthält, daß sie mittelst einer Schlußfolgerung daraus abgeleitet werden könnten? Und doch war die Definition dieser Geheimnisse äußerst nothwendig, weil sie zwar von Anfang von Allen geglaubt, nachher aber von sehr Vielen entweder geläugnet oder entstellt wurden.

Es haben ja nicht nur schlechte Christen, Häresiearchen Viele durch falsche Lehren in Irrthum und Zweifel geführt, sondern auch unsere eigene Nachlässigkeit und Schwäche in göttlichen Dingen hat einzelne Dogmen in dem einen oder andern Theile der Kirche im Verlaufe der Zeit in Vergessenheit gebracht. Darum müssen wir jenen Ausspruch, „was immer, überall und von Allen geglaubt wurde" als falsch zurückweisen, wenn man ihn in der Weise erklärt, als könne nur das Bestandtheil des katholischen Glaubens sein, was immer von Allen geglaubt worden sei und geglaubt werde.

Sicherlich hat Vincenz von Lerin, dem dieser Satz entlehnt ist, ihn nicht so gedeutet. Wie hat er ihn denn interpretirt? „Weichen Wenige von der ganzen Kirche ab, so müssen wir der Gesammtheit folgen, und das festhalten, was Alle glauben. Droht aber ein neu auftauchender Irrthum nicht nur einen Theil, sondern gleichmäßig die ganze Kirche zu ergreifen, so müssen wir uns nach der Vorzeit richten und das glauben, was immer geglaubt wurde. Ist aber die Uebereinstimmung der Vorzeit nicht offenbar, dann muß man die Entscheidung des Lehramtes der Kirche abwarten." *)

Damit wir also den wahren Glauben festhalten, müssen wir uns nach dem heil. Vincenz die Frage stellen, was genau zur selben Zeit die Mehrzahl glaubt, wobei eine kleine Anzahl von Nichtübereinstim-

---

*) Commonitorium, n. 1—4.

menden keineswegs maßgebend ist, oder, falls die Spaltung groß ist, was die Vorfahren gemeinhin geglaubt haben. Weit entfernt aber zu lehren, es gehöre nur das zum katholischen Glauben und sei nur das von der Kirche definirbar, was Alle stets geglaubt hätten und glaubten, befiehlt er uns, auch dann die Entscheidung der Kirche ab= zuwarten, wenn weder zu unserer Zeit Uebereinstimmung herrscht, noch auch ein Consens unter unsern Vorfahren zu ermitteln ist. Hiermit sinkt auch das Argument, welches sich darauf stützt, das Lehramt der Kirche sei nur eine attestatio facti, ohne weiteres zusammen. Wenn die Kirche lehrt, oder über einen Glaubenspunkt ein Urtheil fällt, so bezeugt sie allerdings ein factum, aber was für ein factum? Jenes, daß die fragliche Doktrin geoffenbart, oder mit anderen Worten, im geschriebenen oder überlieferten Worte Gottes enthalten sei. Und ob= gleich die Kirche darüber oft auch einen immerwährenden Consens be= zeugt, so erkennt man doch daraus allein noch nicht, was geoffenbart ist. Ueberdieß vergesse man nicht, daß unter dieser Uebereinstimmung der Consens der Vorfahren verstanden wird, welche durch ihre Glaubensreinheit und Lehre sich ausgezeichnet haben. Wenn nur das definirbar wäre, was der Consens aller Bischöfe der jedes= maligen Zeit festhält, welche Definitionen wären dann im 4. Jahrhundert von der Trinität, welche im 5. von der Incarnation zum Vorschein gekommen? Nun aber müßte es für den Fall, daß nur die in der jedesmaligen Gegenwart herrschende Uebereinstimmung durch Zeugen festzustellen wäre, den Völkern doch nothwendig erscheinen, daß nicht Einer, sondern Alle zugleich Zeugniß ablegten. Wie man sieht, ist dies Argument schon aus diesem Grunde unhaltbar; weit mehr aber noch aus einem andern Grunde.

Das christliche Volk hat thatsächlich die sichere Ueberzeugung, seine Hirten seien Zeugen der göttlichen Lehre, und zwar „von Gott ange= ordnete Zeugen." *) Wäre dem nicht so, wüßten die Gläubigen nicht, daß diese Zeugen vor falschen Aussagen durch göttlichen Beistand bewahrt werden, so würden sie auch dem Zeugnisse mehrerer aus ih= nen keinen Glauben schenken. Ist es aber der göttliche Beistand, der das Zeugniß der Kirche vor der geringsten Abirrung sichert, so kann

---

*) Apostelgeschichte 10, 41.

auch schon ein einziger Zeuge hinreichen. Der h. Irenäus, jener älteste Lehrer der gallikanischen Kirche, fürchtete nicht das Volk durch die Lehre zu verwirren, da er sagte: „es sei zur Ermittelung der apostolischen Lehre nicht nothwendig, sich nach der Tradition aller Kirchen umzusehen, sondern die Kenntniß der Tradition jener genüge, mit welcher alle andern in Folge ihrer vorzüglichern Auctorität in Einklang stehen müßten." Auch der h. Cyprian hegte keine Furcht, als er schrieb, es sei leicht und einfach, die Wahrheit zu erproben; man müsse auf den Ursprung und das Haupt zurückgehen, die Doktrin des himmlischen Lehramtes in's Auge fassen, welches zu Petrus spricht: „Ich sage Dir 2c." und wiederum: „Weide meine Schafe."*) Wahrlich das Verständniß dieser Worte ist dem Volke leicht; wenn nicht, so soll man es belehren, es sei nicht zulässig, menschliche Ideen und die Anordnungen einer Erdenweisheit auf das himmlische Reich zu übertragen, auf die Kirche, welche ihre Verfassung und Regierung von Gottes Besetz habe, der sie sich mit seinem Blute erworben hat; man mag nun von den Königreichen dieser Welt, in denen allerdings der Absolutismus nicht geliebt ist, denken und halten was man will.

Um nun wieder auf die Einwürfe Döllingers zu kommen, so sagen wir: Wenn es der Kirche auch nicht gegeben ist, daß immer Alle den ganzen Offenbarungsinhalt glauben, so ist ihr denn doch das gegeben, daß nie Alle etwas glauben, was nicht offenbart ist. Und deßhalb haben sich die Gegner der päpstlichen Auctorität bezüglich dieses Punktes in einen weitern Irrthum verstrickt. Gestehen sie nicht selbst und wiederholen sie es nicht sogar oft, unsere Behauptung von der obersten Lehrgewalt des heil. Stuhles sei vom 13. Jahrhundert bis zum Concil von Basel allgemein überliefert worden, und das nicht etwa blos als eine fromme Meinung, sondern als eine sichere Glaubenssentenz? Würden sie es übrigens auch nicht eingestehen, so könnte man sie leicht überführen. Denn es liegen die Werke von Kirchenlehrern, worunter viele Bischöfe, vor; es liegen die Akten der Concilien und anderer Versammlungen vor, in welchen mit den klarsten Worten dem h. Stuhle das Recht und der Beruf, über Glaubensfragen zu entscheiden, zugesprochen und allen Christen die

---

*) Vergl. oben § 11.

Pflicht auferlegt wird, sich ganz nach diesem Urtheile zu richten. Die Gegner bestreiten auch nicht, daß die Päpste in unserer Zeit wenigstens von dieser Gewalt beständig so Gebrauch gemacht haben, als besäßen sie dieselbe durch eine besondere Gabe Gottes. Bei all' diesen Zugeständnissen wiederholen sie aber unaufhörlich, die Päpste seien mit den Theologen in dieser Ueberzeugung durch die falschen De= kretalen bestärkt worden. Nun konnte aber in der Kirche, welcher der h. Geist verliehen ist, um sie in alle Wahrheit einzuführen, doch nie eine falsche Ueberzeugung in eigentlichen Glaubenssachen Platz greifen. Also schlagen sie sich ja selbst mit ihrer unwahren Anschul= digung, nach der sie bald falsche, bald gefälschte Dokumente entgegen stellen.

Was die Dekretalen anlangt, so besaß man dieselben vom 9. Jahr= hundert an. Weßhalb nun haben sie diesen Irrthum erst im 13. Jahrhundert zur Welt gebracht? Hören wir über die Behauptung, als seien die Dekretalen im Interesse der päpstlichen Macht gefälscht, Döllinger selbst: „Man hat als den Zweck, der durch diese Dichtung erreicht werden sollte, die Erhebung der päpstlichen Gewalt angegeben. Dies ist offenbar unrichtig; hätte die päpstliche Macht da= mals einer solchen Erweiterung, als sie durch diese Dekretalen gewin= nen konnte, erst bedurft, so hätte der Urheber vielmehr die Form von Concilien=Canonen gewählt, um durch diese den Päpsten die Rechte zusprechen zu lassen, welche er etwa an ihnen vermißte, nicht aber hätte er sich in den handgreiflichen Zirkel eingelassen, die Auctorität seiner Dekretalen auf die gesetzgebende Gewalt der Päpste zu bauen, und diese wieder durch die Dekretalen zu begründen. Ueberhaupt konnte es nicht seine Absicht sein, eine neue Disciplin in die Kirche einzu= führen; wäre sein Werk in wichtigen Punkten in offenbaren Wider= spruch mit der damals herrschenden Disciplin getreten, so hätte dies allgemeinen Argwohn erregt, man hätte Nachforschungen ange= stellt, ... und man hätte es zur Entdeckung der Täuschung ge= bracht."*) Was sollen wir endlich von den Zeugnissen griechischer Väter und insbesondere von dem des h. Cyrillus sagen, durch die der eng= lische Lehrer getäuscht, die ganze abendländische Kirche in seinen eigenen Irrthum verwickelt haben soll? Wir wollen die Worte dieses großen

---

*) Kirchengeschichte II. Bd. S. 41.

Mannes selbst hören. Bei der Besprechung der Tugend des Glaubens beantwortet er die Frage, ob es Sache des Papstes sei, ein Glaubens=Symbolum vorzuschreiben, mit folgenden Worten: „Eine neue Aus=gabe des Symbolums kann zur Vermeidung auftauchender Irrthümer nothwendig werden. Der Auctorität **desjenigen** ist aber die Her=ausgabe des Symbolums anheimgegeben, dessen Auctorität die letzte Bestimmung über das, was zu glauben ist, zusteht, **auf daß es dann von Allen mit unerschütterlichem Glauben festgehalten werde.** Dieses gehört aber zum Bereiche der päpstlichen Auctorität, vor welche die wichtigeren und schwierigeren Fragen, die in der Kirche sich erheben, gebracht werden, wie es in den Dekretalen steht, extra, de Baptismo, cap. Maiores. Deßhalb sprach auch der Herr zu Petrus, den er zum **obersten** Hirten einsetzte: *) „Ich habe für dich gebetet, daß dein Glaube nicht wanke, und wenn du einst bekehret bist, so stärke deine Brüder." Der Grund hierfür liegt darin, daß der Glaube der **ganzen** Kirche ein einziger sein muß, nach dem ersten Briefe an die Corinther I., 10, wo es heißt: „Ihr Alle sollt dasselbe sagen, und es sollen keine Spaltungen unter euch sein." Dieser Vorschrift ist aber nur dann nachzukommen, wenn eine aufgeworfene Glaubensfrage durch den entschieden wird, welcher der **ganzen** Kirche vorsteht, **damit so sein Ausspruch von der ganzen Kirche festgehalten werde.**" Und deßhalb ist die neue Edition eines Symbolums ausschließlich Sache der Auctorität des Papstes, sowie alles andere, was sich auf die Ge=sammtkirche erstreckt, wie z. B. die Berufung einer allgemeinen Synode u. dgl. **) In dieser Beziehung ist die **Stelle, wo der h. Lehrer unsere Sache berührt, eine klassische**; darum wird dieselbe auch von den Theologen vor allen andern erwähnt, wenn die Frage nach der Ansicht des h. Thomas gestellt wird. Aber gerade in dieser Hauptstelle finden sich gar keine Zeugnisse des h. Cyrillus, sondern die ganze Beweisführung stützt sich auf sogenannte theologische Gründe, und zwar auf sehr gewichtige. Nur mit den **Worten Jesu Christi und einer einzigen, aber ächten Dekretale wird der Beweis ge=führt.** Die zweite Stelle des h. Thomas anlangend, so stand damals die

---

*) Luc. XXII, 32.
**) Summa p. 2ᵃ 2ᵃᵉ q. 1. a. 10.

Wiedervereinigung der Griechen in Verhandlung und es händigte Papst Urban IV. dem h. Thomas den Codex mit den Zeugnissen der griechischen Väter zur Durchsicht ein. Bei dieser Gelegenheit verfaßte der h. Lehrer das Werkchen: „Gegen die Irrthümer der Griechen an Papst Urban IV.," in dessen erstem Theile er die dunkeln und zweideutigen Stellen jener Zeugnisse erklärt, und in dessen zweitem Theile er das aufnimmt, was geeignet ist, die katholische Lehre allseitiger zu bekräftigen. An dieser Stelle geschah es, daß der h. Thomas auch einige Zeugnisse, angeblich vom h. Cyrillus, erwähnte, die in dessen Werken n i ch t vorkommen. Er bringt jedoch auch ächte Aussprüche anderer Griechen bei, und die klarsten Schriftbeweise.*) Da haben wir nun die Ursache des gewaltigen Geschrei's, das wir ringsum hören. Vielleicht kännten die Schreier diese Ursache nicht einmal, wenn sie dieselbe nicht von Launoi gelernt hätten.**) Nun soll aber der englische Lehrer durch diese wenigen Zeugnisse eines einzigen Vaters in Irrthum gefallen sein und das ganze Abendland mit hineingezogen haben, indem er ein Dogma einführte, woran bis dahin Niemand gedacht hatte!

Hier ist nun aber nicht zu vergessen, daß nur wenige Jahre später das 2. Concil von Lyon schon abgehalten wurde, auf welchem alle Väter jenes Glaubensbekenntniß ratificirten, worin dem Papst mit den beredtesten Worten einerseits der o b e r s t e u n d v o l l e P r i m a t ohne Einschränkung, andererseits die Gewalt, n a ch eigenem Urtheil Glaubensfragen zu entscheiden, zugesprochen wird. Wie konnte nun die ganze Kirche in so kurzer Zeit durch die wenigen Worte in den Werken des h. Thomas zu dieser Doctrin gebracht werden? Wir haben aber außer den alten Griechen und Lateinern auch aus den Zeiten des Mittelalters, und zwar v o r dem 13. Jahrhunderte, einen sehr sichern Zeugen, den h. Bernhard †) erwähnt, dem wir noch

---

*) Matth. XVI., Luc. XXII, Joan. XXI.
**) De Rubeis in Opusc. s. Thomae, Admonitio praevia c. 2.
†) Der heil. Bernhard nennt in seinen Werken den Papst den „Beschützer der Braut Jesu Christi" (Epist. 161.), „den Freund des Bräutigams" (Epist. 161.), er preist ihn als den „Hirten der Schafe Christi" (Epist. 161.); die Könige der Erde erkennen in ihm den „wahrhaft von Gott Auserwählten" (Epist. 124.) und verehren in ihm denjenigen, „der in einziger Art berufen ist, der Bischof ihrer Seelen zu sein." (Epist.

Beda den Ehrwürdigen, Hinkmar von Rheims, den h. Anselm und viele Andere zur Seite stellen könnten. Schon längst sind endlich von Gelehr=

24.). Er ist „der Bischof des Erdkreises", (Epist. 242) und „sein Lehrstuhl ist der erste" (Epist. 242). „In vorzüglichem Sinne ist seine Lehrkanzel die oberste und postolische" und „er selber der Stellvertreter des h. Petrus" (Epist. 183.); er ist der Erbe des heil. Petrus und sein heiliger und apostolischer Sitz ist durch göttliche und königliche Privilegien einzig geadelt" (Epist. 243.). „Die Fülle der Gewalt über lle Kirchen der Erde ist als besondere Prärogative seinem apostolischen Sitze gegeben" Epist. 131.). „Auf dieser Welt gibt es keinen Richter, vor den man den Papst stellen önnte" (Epist. 213.); „unwidersprechlich muß gehalten werden, was er befiehlt" Epist, 50.), und „unabänderlich ist die Auctorität seiner Dekrete" (Epist. 48).

Wie sehr der heil. Bernhard diese außerordentlichen Gaben und Vorzüge, die er em Papste zuschreibt, auf göttliche Verheißung und übernatürlichen Schutz urückführt, findet sogar in dem Tadel, den er gegen solche Träger jener obersten Lehrgewalt ausspricht, die ihre erhabene Würde nicht auch durch persönliche Heiligkeit emüthig ehren, noch eine Bestätigung. Wenn übrigens der jüngste Herausgeber der Schrift des heil. Bernhard „De Consideratione ad Eugenium Papam", (Papst nd Papstthum, nach der Zeichnung des h. Bernhard von Clairveaux. Uebersetzung nd Erläuterung seiner Schrift „De Consideratione", von Dr. J. H. Reinkens) dem Briefe, in welchem der Heilige mit so väterlicher Liebe seinen theuern Sohn in Christo, Papst Eugen den III., vor Sünden und Fehlern warnt, deren er auch als Papst ich schuldig machen könne, eine ganz eigenthümliche Bedeutung und zwar geade für unsere Zeit vindicirt, dann können wir ihm namentlich in der Weise, vie er dieses versteht, durchaus nicht beistimmen. „Absichtlich, so sagt Reinkens in er Einleitung des Buches, absichtlich haben wir auch die letzten Worte des sonst so escheidenen Abtes von Clairveaux mitgetheilt, weil heutzutage das Bedecken, beziehungsveise Läugnen, der offenbaren Fehler der kirchlichen Vorgesetzten in Moralbüchern, wie m Beichtstuhle, als eine allgemeine Christenpflicht nicht selten hingestellt wird. (Reinens möge doch die Moralbücher nennen, die dies thun; über den Beichtstuhl aber vollen wir ihn nicht hören. —) Wir haben fromme Gläubige Sünde und Thorheit n Dekreten kirchlicher Würdenträger für Tugend und Weisheit ausgeben hören, woan sie offenbar nicht glaubten, mit Erröthen, aus Angst, sie möchten bei Anerkenntniß der Wahrheit sündigen. Wir kennen eine mittelalterliche Kirche, bei welcher ein Bildhauer, wahrscheinlich ein Mönch, in einem verborgenen Winkel einen kleinen Teufel mit einer Rolle, in die er schreibt, gemeißelt hat; auf der Rolle lesen wir: Peccata Romana, „die Sünden Roms". So sucht mancher seine innere Wahrhaftigkeit zu retten, wenn er, aus mißverstandener Pietät, sie äußerlich verläugnen zu müssen glaubt. Damit kein Aergerniß entstehe, sollen diejenigen, welche sich auf den Leuchter stellen lassen, nur wirklich reines Licht in Lehre und Leben verbreiten, statt Rauch: Das ist das Beste. Eine Behörde, welche die gute Beurtheilung ihrer Handlungen befehlen muß, und davon die Gnaden, die sie austheilt, abhängig

ten verschiedener Jahrhunderte Synoden, Bischöfe und Theologen, besonders aus der gallikanischen Kirche, namhaft gemacht worden, welche

macht, oder nur durch Gebieten des Stillschweigens sich vor dem bösen Leumund hüten zu können glaubt, ist auf falschem Wege. Wir haben auch das Recht zu wissen, wie es um unser Haupt steht, ob es gesund oder wund ist. Die Gläubigen sollen zwar als Kinder behandelt werden, aber als Kinder Gottes, nicht als Unmündige. Weder Paulus noch Petrus hat ein geheimes Archiv gehabt; von Secretum oder Silentium war keine Rede." Und weiter pag. 52 in der Anmerkung: „Die schwächliche Sklavenart, an dem auf den Thron Erhobenen Alles schön zu finden, für die man sogar das zarte Wort „Pietät" mißbraucht, kannte er (Bernhard) nicht. Die wahren Insignien, welche der hoch Erhobene anlegen soll, sind ihm die hohen Eigenschaften und die hohen Tugenden, unter welchen er als den schönsten Edelstein die Demuth preist."

Wir theilen, wie gesagt, diese Ansicht von Reinkens nicht, glauben vielmehr, daß in unserer Zeit „peccata Romana" zu sehr schon der Lieblingsgegenstand sind mit dem viele ungleich weniger Berufene, als der h. Bernhard es seinem Eugen gegenüber war, in Wort und Schrift sich versündigen. Wir nehmen diesem demüthigen Vater, der zu gleicher Zeit das oberste Lehramt des römischen Bischofs in so helles Licht setzte, die väterlichen Ermahnungen nicht übel, die er ernst und liebevoll seinem geistigen Sohne gab, er möge auch als Papst die Demuth nie verlieren; aber es fällt uns unendlich schwer zu glauben, daß die Anmerkung, welche Reinkens zu den schönen Worten des h. Bernhard setzt: „Wenn den Papst als Menschen der Hochmut und der Größenwahnsinn ergreift unter dem Scheine des Eifers für seine Würde, als eines Stellvertreters Christi, so erblaßt sein wahrer Glanz, verdunkelt sich all seine geistige Herrlichkeit" wohl gar eine Anspielung sein soll auf das, was mit ausdrücklicher Zustimmung des Papstes in diesem Augenblicke im Vatikanum verhandelt wird. Die überaus einfachen Worte des h. Bernhard scheinen der Anmerkung wenigstens nicht bedürftig. —

Was Reinkens insbesondere über die Veränderungen bemerkt, welche die pseudoisidorischen Dekretalen in die päpstliche Machtvollkommenheit eingeführt haben sollen (pag. XXIII.), ist durchaus unrichtig, in der vorstehenden Abhandlung (pag. 66) auch bereits hinreichend berücksichtigt. Wir verweisen hier übrigens besonders auf das Lehrbuch der Kirchengeschichte von Döllinger, II. Band, I. Abtheilung § 19.

Daß der Papst das Recht habe, Bischöfe abzusetzen, findet zwar auch Reinkens schon im h. Bernhard vor, wie es scheint, nicht ohne Mißbehagen (es ist nach ihm die „eben entstehende Provincialbeamtentheorie"). Daß der Papst aber auch das Recht haben soll, Bischöfe zu bestätigen, davon meint Reinkens, wisse selbst ein h. Bernhard nichts, der Bischof werde vielmehr Bischof durch Klerus und Volk (pag XL. ff.). Wir haben nun aber immer geglaubt, daß das Absetzungsrecht der Bischöfe das Bestätigungsrecht unterstelle und voraussetze, und verweisen zudem auch auf eine aufmerksame Lektüre des 131. Briefes des h. Bernhard.

Was die deßfallsige frühere Praxis der Kirche angeht, so wissen wir, daß bereits Coelestin I. den Maximian bestätigte, Leo I. den Anatolius und derselbe

diese Prärogative des Römischen Stuhles sowohl in thatsächlichen Vorkommnissen erkannten, als in Worten klar bekannten.*) Wie kann nun Leo I. durch seinen Legaten Paschasinus auf dem Concil von Chalcedon den Maximus von Antiochien; daß Papst Simplicius die Bestätigung des Johannes verweigerte, der zum Patriarchen von Alexandrien erwählt war, daß der Nachfolger des Acacius in Constantinopel gleich nach der Wahl den Röm. Bischof um seine Genehmigung bat (Vergleiche hierüber Antifebronius tom. 3. pag. 133. editio Cesena 1770); daß Felix III. den Thalasius warnte vor der Gemeinschaft mit Euphemius von Constantinopel, weil dieser von ihm die Approbation noch nicht erlangt hatte zc. zc. zc.

Reinkens scheint den scharf zu statuirenden Unterschied zwischen der bischöflichen Würde und der in der Zeit erfolgten Errichtung von abgegrenzten Bisthümern nicht zu beachten. Letztere Einrichtung ist jünger als die bischöfliche Würde, und eine Institution kirchlichen, nicht aber göttlichen Rechtes. In seinem Lehrbuch des Kirchenrechtes weist Walter mit Recht schon auf den Zusammenhang hin, in dem das Recht des Papstes, die Bischöfe zu bestätigen, sogar zu der nothwendigen Einheit der Kirche steht (Vergleiche Lehrbuch des Kirchenrechtes 11. Ausgabe §. 128. Anmerkung.) Geschah die Besetzung bestimmter Bisthümer früher durch Klerus und Volk, so war seitens des kirchlichen Oberhauptes dieses gestattet; übte der Papst später die Besetzung selber aus, so war dieses keine Usurpation fremden Rechtes, nicht wie Reinkens meint, „ein Einsenken der Wurzeln des Unrechtes in den Boden der Theilkirche" (pag. XXXIX).

Wenn Reinkens endlich (pag. XLIII) sagt: Selbstständig ist der Bischof auch in seiner Lehrgewalt, oder wenn er vielmehr den h. Bernhard dies sagen läßt, so war das uns vollends neu. Der h. Bernhard sagt im Anfange seiner Schrift: „Ueber die Irrthümer des Abälard": „Oportet ad vestrum referri apostolatum pericula quaeque et scandala emergentia in regno Dei, ea praesertim, quae de Fide contingunt. Dignum namque arbitror ibi potissimum resarciri damna fidei, ubi non possit fides sentire defectum. Haec quippe huius praerogativa Sedis. Cui enim alteri aliquando dictum est, Ego pro te rogavi, Petre, ut non deficiat fides tua? Ergo quod sequitur, a Petri successore exigitur: Et tu aliquando conversus confirma fratres tuos. Id quidem modo necessarium. Tempus est, ut vestrum agnoscatis, Pater amantissime, principatum; probetis zelum, ministerium honoretis. In eo plane Petri impletis vicem, cuius tenetis et sedem, si vestra admonitione corda in fide fluctuantia confirmatis, si vestra auctoritate conteritis fidei corruptores."

Reinkens übersetzt nun das ‚oportet' des h. Bernhard mit „zweckdienlich;" das Lexicon totius latinitatis von Forcellini erklärt aber oportet mit dem griechischen

---

*) D'Aguirre, in dem erwähnten Werke Disp. 5—13; Petitdidier, de infallibilitate Papae, cap. 9. Muzzarelli hat ebenfalls zu der oben citirten Abhandlung ausgewählte Zeugnisse der alten und neuen gallikanischen Kirche gefügt.

der Verfasser der „Erwägungen" behaupten, die Sentenz der päpst=
lichen Unfehlbarkeit sei erst sehr spät in der abendländischen Kirche entstan=
den und χρη; Herzog ad Caes. B. G. 1, 4. erklärt den Unterschied zwischen necesse
est, debet und oportet folgendermaßen:
   necesse est = ἀναγκαιον; es muß geschehen, weil eine äußere Ge-
   ·walt (Tod und Zwang) dazu nöthigt.
   debet = es muß geschehen; jedoch m o r a l i s ch verstanden, lebendig u. frei
   oportet = es muß geschehen, sowohl wegen physischen Zwanges, als
   auch wegen moralischer Nothwendigkeit.
 Und Forcellini bemerkt weiter von o p o r t e t: differt etiam a d e c e r e et
l i c e r e. Cic. Or. 22. Oportere perfectionem declarat officii, quo et semper
utendum est et omnibus: decere, quasi aptum esse, consentaneumque tempori
et personae.

 O p o r t e t differt etiam ab o p u s e s t: nam oportet officium significat,
rationem, iustam causam: opus est utilitatem, usum, commodum, was Alles
nicht für Reinkens spricht.

 Es kann übrigens das oportet an dieser Stelle des h. Bernhard, selbst wenn es
hin und wieder sonst diese Bedeutung haben sollte, schon aus dem Grunde nicht mit
„zweckdienlich" übersetzt werden, weil die oben angeführten Parallelstellen über die
Auffassung des obersten Lehramtes in der Kirche, wie sie dem h. Bernhard geläufig
war und von Reinkens auch pag. XXVII. angeführt wird, nur die gewöhnliche Bedeutung des oportet (e s m u ß) rechtfertigen. Da zudem der h. Bernhard mit Vorliebe
in der Sprache der h. Schrift redet, so vergleiche man nur Stellen wie 2. K. 5, 10.
Omnes nos manifestari o p o r t e t (es ist zweckdienlich!) ante tribunal Christi.
Apostelgesch. 5, 29 Obedire o p o r t e t Deo magis quam hominibus. Titus 1, 11.
quos (seductores!) o p o r t e t redargui. Hebr. 11, 6. u. s. w. Aehnlich verhält es
sich, wenn Reinkens behauptet, es handle sich hier nur um eine P r i v a t m e i n u n g
des h. Bernhard, was sehr klar zu beweisen wäre, und wenn es ferner (pag. XXV)
heißt, der h. Bernhard gebe der Schriftstelle Luc. 22, 32, einen Sinn, „der gegen
die gesammte Auslegung der Kirchenväter ist." Wer sich die Mühe geben will, Ambrosius de Fide l. V. c. 4 und Leo l. Sermo IV. zu lesen, denen wir noch manche
andre Stelle anreihen könnten, wird sich überzeugen, daß die hh. Väter die Stelle bei
Lucas wie der h. Bernhard zu Gunsten des Papstes verstanden haben. Schließlich
wird kaum Jemand den Schluß in der oben angeführten Stelle des h. Bernhard in
dem Traktate gegen die Irrthümer des Abälard je so verstanden haben, wie Reinkens
dieses thut. Der h. Bernhard ermuntert an dieser Stelle den Papst, diejenigen, welche
den Glauben verkehren, mit seiner Auctorität zu unterwerfen si vestra auctoritate
conteritis fidei corruptores).

 Das ‚conterere' übersetzt nun Reinkens mit „unschädlich machen," indem er sagt:
„Nicht entscheiden soll er, (der Papst), ob dies oder jenes Dogma sei, sondern in dem
Glauben an das Feststehende stärken durch Ermahnung und die Angreifer desselben
zurückweisen — nicht durch unfehlbaren Ausspruch — sondern durch auctoritatives Ver-

den, und zwar zuerst vom h. Thomas in die Theologie eingeführt worden? Dies hat er wohl mit derselben Stirne geschrieben, mit welcher er auch sagte, in der orientalischen Kirche sei diese Sentenz von Niemanden jemals behauptet worden; und doch hat er selbst wenige Jahre früher zum Beweise, daß der Papst **oberster** Lehrer und Wächter des Glaubens sei, **außer vielen andern**, auch folgendes Factum berichtet:*) „Als unter dem Papste Hormisdas die durch den bieten der **Angriffe**." Wir erlauben uns aber die Frage: was sollte denn das bloße **Verbieten** der Angriffe auch zur Zeit des h. Bernhard nützen? was soll das Ermahnen helfen, wenn Niemand zu gehorchen verpflichtet ist? Ist aber diese Pflicht erwiesen (vergleiche beim h. Bernhard epist. 50 und epist. 48), wie kann Gott da den Irrthum zulassen? Wir finden darüber bei Reinkens keine Aufklärung. Statt dessen lesen wir: „Der Papst ist nicht Gottmensch, sondern Mensch (eine sehr merkwürdige Entdeckung!) Die sakramentale Uebertragung des hohepriesterlichen Amtes macht ihn nicht in der Art zum Organ des h. Geistes, daß die göttliche Auctorität durch ihn wie durch ein Sprachrohr sich offenbarte. Es tritt nicht die **göttliche Vernunft** an die Stelle der individuellen menschlichen, **Gottes Wille** wird nicht sein Wille. Menschliche Beschränktheit, Verblendung, Leidenschaft können sich mit der Form göttlicher Auctorität umgeben; denn die Inspiration, selbst direkt und persönlich gedacht, kann weder die Vernunft noch den Willen aufheben, weil in Gott nicht Ja und Nein zugleich ist und Er sein Schöpferwerk weder zerstört, noch in seiner Energie oder Thätigkeit gewaltsam suspendirt. So kann es geschehen, daß Irrthum, ja Lüge, Ungerechtigkeit und Haß in der Form der Unverletzlichkeit und Unverweigerlichkeit vermöge göttlicher Auctorität von den Völkern der Erde Anerkennung und Gehorsam fordert." (Das erste Capitel vorliegender Abhandlung mit der Ueberschrift: „Worum handelt es sich?" gibt über all dies Auskunft.) Die größten Historiker behaupten nun, daß ein solcher innerer Widerspruch mit der äußeren Sanction in der Geschichte des Papstthums nicht selten in schreiendster Weise eingetreten sei. Wie kann da die individuelle Vernunft sich retten? (Soll Reinkens nie erfahren haben, daß auch die Beschlüsse **allgemeiner Concilien** der „individuellen Vernunft" oft viel zu schaffen machen? —) Die Generalconcilien von Constanz und Basel griffen die Theorie an, sprachen dem Papst das Vicariat Christi in jenem absoluten Sinne ab, wollten ihn richten und die Verbindlichkeit innerlich unwahrer und ungerechter Dekrete für die christlichen Völker nicht gelten lassen. Die Synoden von Florenz und Trient hielten die Theorie wieder aufrecht und suchten sie zu befestigen" ɾc. ɾc. ɾc. Doch wir schließen hier das Raisonnement von Reinkens ab. Was die letztgenannten öcumenischen Concilien von Florenz und Trient „zu befestigen suchten," wird das Vatikanum das umstoßen?

---

*) Kirchengeschichte, 1. Bd. Seite 177.

Patriarchen Acacius veranlaßte Spaltung nach 35 Jahren beigelegt wurde, unterzeichneten an zweitausend fünfhundert orientalische Bischöfe ein vom Papste übersandtes Formular, in welchem sie anerkannten, daß Jeder, der nicht in allen Stücken mit dem apostolischen Stuhle vereinigt sei, *) von der katholischen Kirche getrennt sei.

Um unseren Beweis kurz zu wiederholen, so verläuft er also: Schon von Anfang der Kirche an war in der ganzen morgen- und abendländischen Kirche die oberste Lehrgewalt des Papstes faktisch anerkannt. Denn sowohl die einzelnen Väter, als zahlreiche Synoden und öcumenische Concilien haben es ausgesprochen, daß Entscheidungen in Betreff des Glaubens Sache des Lehrstuhles Petri seien, weil zu diesem die Perfidie keinen Zutritt habe. Wenigstens kehrt dieser Ausspruch des heil. Cyprian mit denselben oder ähnlichen Worten in der Tradition der Kirche so oft wieder, daß der Vertheidiger der declaratio gallicana sogar mit Hülfe der spitzfindigen Unterscheidung zwischen dem Lehrstuhle und dem Lehrer (inter sedem et sedentem) Ausflüchte suchen müßte, eine Ansicht, welche die Haltlosigkeit der vertheidigten Sache um so klarer darthut, je unwürdiger sie des großen Geistes war, der sie anwandte. Während so diese Ueberzeugung in der Kirche allgemein war, gingen nur die Schismatiker des Orientes zur Zeit des Photius und etliche Abendländer nach dem Concil von Constanz davon ab. Und so kam es denn, daß dieser Lehrpunkt, wie dies ähnlich bei mehreren anderen der Fall war, die zwar auch schon längst allgemein geglaubt, aber noch nicht authentisch in feststehenden Glaubensformeln ausgesprochen waren, eine Zeit lang als controvers behandelt wurde.

Weil nun aber unter den Vertretern jener Ansicht, die der päpstlichen Auctorität nicht günstig ist, auch einige orthodoxe und fromme Männer sich befanden und namentlich Gerson, so glaubten deßhalb Melchior Canus, Bellarmin und Andere, man solle diese Ansicht vor einer neuen Erklärung der Kirche noch nicht als häretisch bezeichnen. Aber konnten sie darum nicht immerhin behaupten, sie sei als

---

*) d. h. übereinstimmen; denn hätte er das nicht sagen wollen, dann hätte er den angestrebten Beweis für das oberste Lehramt des Papstes weder geliefert, noch hätte er auch den Gedanken der Formel, welchen wir schon (§. VI.) gegeben haben, getreu wiedergegeben.

ein der Häresie sehr nahestehender Irrthum von Allen zu ver=
werfen? Ohne Zweifel konnten sie das. Denn wie es Häresie ist, zu
läugnen, was als geoffenbart von der Kirche vorgestellt wird, so wird
die Läugnung dessen Irrthum genannt, was daraus in evidenter
Weise abgeleitet wird, und deßhalb in jenem schon auf irgend
eine Art eingeschlossen ist. Nun ist es aber geoffenbarte Wahrheit,
daß die Nachfolger Petri von Gott die Gewalt empfangen haben, der
ganzen Kirche Glaubensgesetze zu geben. Wie wir gesehen
haben (§§. II. u. V.), ist dies auf Schrift und Tradition fest ge=
gründet und auf öcumenischen Concilien definirt worden (§ VI.); auch
wird dies nicht einmal von den Gallikanern bestritten. Weil aber
hieraus consequent folgt, jenen Dekreten könne kein Irrthum
beigemischt sein, so wird die Meinung, welche die Unfehlbarkeit des
Papstes läugnet, mit Recht Irrthum genannt. — Hiezu kommt nun
noch, daß eben diese Wahrheit, die Glaubensdekrete des h. Stuhles
werden von allem Irrthum durch göttlichen Beistand bewahrt, auch
nach der ganz einstimmigen Erklärung jener Worte des Herrn: „Ich habe
für dich gebetet, Petrus, daß dein Glaube nicht wanke" fest steht. Zu=
dem sprechen die zahlreichen Zeugen der Tradition, welche wir vorge=
führt haben, ganz dasselbe aus, und endlich wird es in der von einem
öcumenischen Concil angenommenen Glaubensformel des Hormisdas
klar ausgesprochen. Deßhalb kann auch nach dem Urtheil sehr Vieler die
Infallibilität des Bischofs von Rom nicht nur implicite und virtualiter
(in alio), sondern auch explicite und formaliter (in se ipsa), geoffen=
barte Lehre genannt werden. Sentenzen aber, die nur von Wenigen
geläugnet werden, von denen aber die Meisten halten, daß sie von Gott
geoffenbart und von der Kirche vorgetragen werden, sind jene, die wir
als dem Glauben sehr nahestehend (fidei proximas) bezeichnen.

„Aber wenn einige nicht auf das authentische Lehramt der Kirche,
sondern auf ihre persönliche Ueberzeugung hin, diese Lehren für ge=
offenbart halten, so glauben sie doch nur fide humana, in mensch=
lichem, nicht aber fide divina, in göttlichem Glauben."

So Döllinger, aber ganz falsch. Damit wir nämlich etwas
für ein katholisches Dogma halten, und die entgegenstehende Meinung
in demselben Sinne, in dem die Kirche dies Wort versteht, häretisch
nennen, ist zwar eine ausdrückliche und publicirte Erklärung der

Kirche nothwendig. Um aber etwas in göttlichem Glauben (fide divina) zu glauben genügt es, wenn wir vermöge unseres eigenen allen Zweifel ausschließenden Erkennens die persönliche Ueberzeugung gewonnen haben, es sei im Worte Gottes enthalten. Denn nicht wegen jener unserer Erkenntniß, daß Gott wirklich gesprochen hat (Deum esse loctum), sondern wegen der Unterwerfung unseres Geistes, in der wir dem redenden Gotte glauben, (Deo loquenti) ist unser Glaube ein göttlicher.

Hezu kommt noch, daß unser heiligster Vater, Papst Pius IX., in einem Breve an den Erzbischof von München im Jahre 1863 es für opportun hielt, folgendes in Erinnerung zu bringen: „Wenn es sich auch um jene Unterwerfung handelte, die dem göttlichen Glauben wirklich geleistet werden muß, so wäre dieselbe doch nicht auf dasjenige zu beschränken, was durch ausdrückliche Entscheidungen der öcumenischen Concilien oder der römischen Bischöfe und dieses apostolischen Stuhles definirt worden ist, sondern sie muß auch darauf sich erstrecken, was durch das ordentliche Lehramt der über den Erdkreis zerstreuten Kirche als Offenbarungswahrheit gelehrt, und somit in allgemeiner und constanter Uebereinstimmung von den katholischen Theologen als zum Glauben gehörig festgehalten wird." Wenn also eine derartige Lehre nicht so zu Tage liegt, daß Alle sie anerkennen, dann werden wir die entgegenstehende Meinung, wie wir oben sagten, zwar nicht als häretisch bezeichnen, jedoch auch nicht anstehen, diesen Lehrpunkt zu glauben, wenn er den Meisten, und uns selbst als hinlänglich begründet erscheint. Bei diesem unserm Glauben ist aber eben jenes Urtheil, nach welchem wir Etwas als göttliche Offenbarung festhalten, nicht auf unsere Kenntniß des göttlichen Wortes, sondern auf die Auctorität der lehrenden Kirche gestützt.

Am allermeisten endlich fehlt aber das Argument des Gegners darin, daß es zwischen dem fide divina Gewissen, und dem fide humana Wahren kein Mittleres kennt. Und doch macht das erwähnte Breve Pius IX. in den ernstesten Worten auf jene theologischen Meinungen aufmerksam, die so gewiß sind, daß die denselben entgegenstehenden Meinungen, wenn sie auch nicht geradezu häretisch genannt werden können, dann doch eine andere theologische Censur verdienen. Ist nun dieses Breve des heil. Vaters auch Ursache zu so

gewaltigen Zornausbrüchen geworden, wie sie sich in einem fort Luft
machen, so ist darum sein Inhalt nicht minder wahr und von Solchen,
welche die heil. Lehre kennen, auch nicht minder begriffen. Zu den
theologisch gewissen Lehrpunkten gehören aber vorzüglich die aus
den Glaubensartikeln in evidenter Folgerung gezogenen
Schlüsse. Und ich für meinen Theil bin ganz der Ansicht, daß diejenigen, welche heute die päpstliche Infallibilität noch läugnen, das
nicht genug in Betracht ziehen, wie jenes Recht und die Pflicht, über
Glaubenssachen Dekrete, denen die ganze Kirche Gehorsam schuldet,
zu erlassen, bereits ganz außerhalb aller Controverse liegt. Ist dies
ja doch ausdrücklich definirt worden, und nicht einmal die Gallikaner,
selbst nicht einmal die Jansenisten, haben es geleugnet. Würden unsere Zeitgenossen das erwägen, ganz gewiß würden sie begreifen, wie
nothwendig sich daraus ergibt, daß derartigen Dekreten kein Irrthum
beigemischt sein könne, und wie unbegründet jene Ausflucht des
„ehrfurchtsvollen Stillschweigens" und Aehnliches war.

Aus den bisherigen Erörterungen springt klar in die Augen,
weßhalb durch die Entscheidung der Kirche ein bestimmter Lehrpunkt
katholisches Dogma zu sein anfängt, ohne daß jedoch, wie das Un-
erfahrene sagen, neue Dogmen von der Kirche geschaffen werden.
Die Kirche kann ja nicht zur Offenbarung machen, was nicht schon
offenbart war; aber die Kirche bewirkt durch ihre Erklärung, daß das
von Anfang Geoffenbarte jetzt von Allen ganz gewiß als Offenbarung erkannt wird, und deßhalb nunmehr zum öffentlichen
Glaubensbekenntniß gehört. Auf dieselbe Weise kann man aber auch
einsehen, wie in gewissem Sinne etwas aufhören kann, katholisches
Dogma zu sein. Es kann nämlich etwas durch das öffentliche Lehramt der Kirche, oder durch eine Entscheidung derselben so dargestellt
sein, daß es allgemein für eine offenbare und von der Kirche als
solche vorgelegte Wahrheit mit Recht auch angesehen wird, und doch
kann im Laufe der Zeit unter den Rechtgläubigen selber Zweifel entstehen, ob wirklich dieselbe zum katholischen Glauben gehöre, wenn sie
nämlich minder ausdrücklich und bestimmt vorgestellt worden ist. Wenn
nun ein solcher Zweifel unter den Gläubigen selbst andauert, so wird
die Kirche von Neuem sich erklären müssen, damit eine derartige Sentenz mit Sicherheit Glaubensartikel genannt werden kann.

Nunmehr sind wir aber auch der Ueberzeugung, daß Jeder, der alles, was wir anjetzo aus kirchlichen Denkmälern hervorhoben, fleißig erwägt, kein Bedenken mehr über das Eintreffen des eben Gesagten bei dem hier behandelten Lehrpunkte tragen wird. Wenn nun auch die Kirche seitdem die Controverse über die oberste Lehrgewalt des römischen Stuhles sich erhoben hat, noch immer kein feierliches Urtheil darüber gefällt hat, so hat sie doch auch niemals ihre Verfahrungsweise geändert und hat auch nie in ihrem ordentlichen Lehramte darüber geschwiegen. Oder wurden nicht auch in den letzten Jahrhunderten Glaubensfragen vor den römischen Stuhl entweder freiwillig oder auctoritativ gebracht? Oder haben die Päpste in ihren Dekreten nicht pünktlichen und unverbrüchlichen Gehorsam des Bekenntnisses und des Herzens gefordert? Haben die Bischöfe, Synoden und Völker nicht bald durch thatsächlichen Gehorsam, bald durch Worte ihre Gesinnung kund gegeben? Auch die Uebereinstimmung der Theologen war während dieser ganzen Zeit eine so constante und allgemeine, daß selbst in Frankreich Viele beitraten, außerhalb Frankreichs kaum Einer Widerspruch erhob, bis im vorigen Jahrhunderte die falsche Lehre des Febronius und noch eine andere, die wir hier nicht einmal zu erwähnen brauchen, den Geist Vieler verdunkelte. Ueberdies wurde und wird wenigstens in vielen Staaten das christliche Volk allgemein angeleitet, dem römischen Stuhle nicht nur Gehorsam zu leisten, sondern auch an seine Dekrete über Sachen des Glaubens und der Sitten, als an die zuverlässigste Richtschnur des Glaubens sich zu halten.

An dieser Stelle müssen wir endlich noch auf Etwas aufmerksam machen. Seitdem in unserer Zeit die Provincialconcilien, die ja lange aus verschiedenen Gründen fast unterblieben waren, wieder gehalten werden, wurde in vielen und zwar den verschiedensten Ländern diese selbe Lehre, welche wir behandelt, von den versammelten Prälaten entweder durch ein feierliches Bekenntniß verkündet, oder auch durch Synodal-Dekrete definirt. Die für ganz Spanien im Jahre 1850 gehaltene Synode erklärte (§. 2. de fide catholica): „Was die römische Kirche de fide divina zu glauben vorgelegt, glauben wir aus innerstem Herzen und müssen es glauben; und was sie verwirft und verdammt, verwerfen und verdammen auch wir; und deshalb scheiden wir aus

und verdammen alle Irrthümer, welche die Päpste als glaubens=
widrig ausscheiden." — Das Westminster-Concil zu London
im Jahre 1852 spricht sich dahin aus: „Als Fundament des wahren
und orthodoxen Glaubens legen wir, was unser Herr Jesus Christus
unerschüttert legen wollte, den römischen Stuhl und die Lehrerin
und Mutter des ganzen Erdkreises, die heilige, römische Kirche. Was
immer von ihm entschieden ist, halten wir eo ipso als gültig und
sicher fest." — Das Kölner Concil, vom Jahre 1860 bestimmte: „Der
Papst ist Vater und Lehrer aller Christen; sein Urtheil in Glaubens=
sachen ist an sich irreformabel." — Das Concil zu Kolozka i. J. 1863
in Ungarn sagt: „Die Nachfolger Petri hüten das depositum fidei
durch ihren höchsten und unwiderruflichen Ausspruch", und es fügt
eine glänzende Verurtheilung der gallikanischen Sätze hinzu. — Das
Prager Concil im Jahre 1860 lehrt: „alle Rechtgläubigen müßten
nicht nur bekennen, daß der Vorrang der h. Römischen Kirche und der
Primat des Papstes, sondern auch letzterer allein der höchste Glau=
benslehrer sei, dem alle, welche zu dem Schaffstalle Christi gehö=
ren wollen, treuesten Gehorsam und innere Zustimmung pflichteten."
Es erklärt außerdem, diese Auctorität des Papstes werde, weil von
Gott überkommen, immer unverletzt bleiben. — Das Concil zu Ut=
recht i. J. 1865 behauptet: „Das Urtheil des Papstes in Sachen des
Glaubens und der Sitten ist infallibel, das halten wir zweifellos fest."
— Das Plenar=Concil zu Baltimore endlich im Jahre 1866 veröffent=
lichte folgendes feierliche Bekenntniß in den Glaubensformeln der alten
Väter und Synoden: „Weil dort, wo Petrus ist, auch die Kirche ist, und
weil Petrus durch den Papst spricht, immerdar in seinen Nachfolgern lebt
und das Richteramt übt, und denen, die es verlangen, die Glaubenswahr=
heit gewährt; deßhalb ist als göttlicher Ausspruch in vollem Sinne
des Wortes anzunehmen, was festgehalten hat und festhält des h. Pe=
trus Lehrsitz zu Rom, der da als Vater und Lehrer aller Kirchen, den
Glauben, den er von Christo unserm Herrn empfangen hat, immer
rein und unversehrt bewahrt und die Gläubigen lehrt, indem er Allen
den Weg des Heiles und die Lehre der unverletzten Wahrheit zeigt."

Woher kommt nun in so vielen, und gerade in solchen Staaten,
wo die Katholiken mit Irrgläubigen vermischt leben, dieses lebhafte
Interesse der Hirten, daß doch die oberste Auctorität des Lehrstuhles

Petri in festem Glauben anerkannt werde? Wir für unsere Person (warum sollen wir auch unsere Ansicht hier nicht aussprechen?), wir glauben, es sei dies von der göttlichen Fürsehung so geordnet, damit durch ein öffentliches Bekenntniß die Völker auf die einzige noch übrige Hülfe gegen die Uebel, welche das Menschengeschlecht dermalen niederdrücken und die den Erdkreis mit Elend erfüllen, wirksam hingewiesen werden. Denn worin liegt der Grund all' der Uebel anders, als weil die Völker leider nicht mehr christlich, bei ihrem Streben nach Unabhängigkeit in Urtheil und Sitten, Gott den Gehorsam des Verstandes wie des Willens zu leisten sich sträuben? Darum stürzen sie sich, ihrem Elende preisgegeben, und den Fallstricken und wüthenden Angriffen der alten Schlange überantwortet, immer tiefer und tiefer in's Unglück. Hieraus entspringt denn auch jene schmutzige Fluth von Irrthümern, hieraus die Verderbtheit der Sitten, so daß man selbst das Ehe- und Eigenthumsrecht aufheben möchte, daß man jede Auctorität stolz zurückweist, das Königthum lästert, und selbst in der öffentlichen Verwaltung nichts mehr nach den Gesetzen der Gerechtigkeit, sondern nach dem alleinigen Princip der Nützlichkeit bemißt. Gibt es inmitten dieser zahllosen Uebel noch Rettung außer der von Gott uns verliehenen? Sieh nur! Alles wankt und bebt. Nur Einen Felsen gibt es, ihn hat die Hand des Allmächtigen gegründet, unerschüttert steht er und wanket nicht mitten in wogenden Fluthen. Nur Eine Rettung für die Völker gibt es. Eingedenk der eignen Ohnmacht müssen sie von da die Gesetze, die ihren Glauben und ihr Handeln regeln sollen, vertrauensvoll entgegennehmen, woher der göttliche Erlöser nun einmal beschlossen hat, daß Glaubensgesetz und Glaubensgebot seinen Ursprung nehme.

Anhang I.*)

(Zu Seite 47)

Der „Quaestio prima", welche der gelehrte Verfasser der „causa Honorii Papae" an die Spitze seiner Broschüre stellt:

I „Num Honorius aliquid ex cathedra tamquam dogma fidei praescripserit, quod tamen reapse haereticum fuit?"
schien uns jedenfalls erst eine secundäre Stelle zu gebühren. Als erste Frage erkennen wir die nach der Aechtheit jener Dokumente (der Briefe des Honorius und der bezüglichen Concilienakten), aus welchen man den Irrthum sowohl, wie die Verdammung des Honorius ableiten will. Wir haben deßhalb vorstehender Abhandlung bereits als Anmerkung (vergl. Anmerkg. z. S. 43) die Gründe beigefügt, welche für die Interpolation der Dokumente sprechen. Sind dieselben auch nicht gerade nöthigend und somit der Beweis kein förmlicher, so finden sich doch unter denselben bereits solche, (z. B. das Zeugniß des Sekretärs Johannes, des Abtes Anastasius, des h Maximus, des Papstes Agatho und des Concils vergl. Anmerk. z. S. 45 ff.), welche ganz unlösbare Schwierigkeiten denen bereiten, die behaupten, Honorius habe ex cathedra gesprochen, und auf letzteres kommt es doch hier allein an. Wenn wir nun dennoch an dieser Stelle auf die Briefe selbst des Papstes Honorius zurückkommen, so geschieht dies deßhalb, weil wir auch in diesen Briefen, sowie sie uns jetzt einmal vorliegen, mögen sie nun interpolirt oder ächt sein, das immer noch nicht entdecken können, was wir in der „causa Honorii etc." (pag. 26) lesen, weil wir im Gegentheil dafür eine Bestätigung finden, daß Honorius nicht ex cathedra gelehrt hat. Nur dann haben wir es ja mit einem Spruche des Papstes ex cathedra zu thun, wenn er

1) etwas dogmatisch und positiv entscheidet, und wenn er

---

*) Die einschlägigen Aktenstücke folgen nach dem Anhang II.

2) seinen Willen kund gibt, diese Entscheidung für alle Gläubiger obligatorisch zu machen.

Aus den vorliegenden Briefen des Honorius geht nun aber klar hervor, daß beides fehlt, die Entscheidung sowohl, wie die Verpflichtung, und damit wird dann zunächst die Behauptung, daß Honorius etwas als „Glaubensregel" (vergl. S. 47, Anmerk. c) in seinen Briefen vorgeschrieben habe, fallen müssen.

ad 1.) Der Papst Honorius verwahrt sich in seinem ersten Briefe an Sergius vorab ausdrücklich dagegen, daß man den Gegenstand sogleich zum Dogma erheben müsse, nachdem Einige die Frage über einen oder zwei Willen einmal erhoben hätten: „si forte quidam balbutientes adnisi sunt proferentes exponere non oportet ad dogmata haec ecclesiastica retorquere"; er spendet sodann dem Sergius Lob, weil er die aufgetauchte Controverse durch Auferlegung von Stillschweigen für beide Parteien zu unterdrücken beabsichtige „laudamus novitatem vocabuli auferentem, quod possit scandalum simplicibus generare"; in dem zweiten Briefe an Sergius trägt er sowohl dem Sophronius, als dem Cyrus auf, sie sollen ein Gleiches thun: scribentes etiam communibus fratribus Cyro et Sophronio antistitibus ne novae vocis i. e. unius vel geminae operationis vocabulo insistere vel immorari videantur," und erklärt endlich ausdrücklich, er wolle selber in der Sache dogmatisch nichts entscheiden: ceterum, quantum ad dogma ecclesiasticum pertinet non unam ve duas operationes in mediatore Dei et hominum definire debemus — Non nos oportet unam vel duas operationes praedicantes definire

Wer kann nun behaupten, daß ein Papst, welcher das Stillschweigen in Bezug auf eine vorgelegte Frage lobt, welcher dazu auffordert, und welcher endlich ausdrücklich erklärt, daß er in der Sache nichts definiren wolle, ex cathedra gelehrt habe?

ad 2.) Daß überdies die Briefe des Honorius, welche also keine Glaubensdefinition enthielten, auch nicht für die ganze Kirche oder für alle Gläubigen bestimmt waren, sondern bloße Privatschreiben gewesen sind, könnte man allerdings aus der Adresse, die nur den Sergius nannte, noch nicht schließen. Es möchte aber der Umstand, daß Sergius diese Briefe in seinem Archive verborgen halten konnte, woraus sie erst nach 40 Jahren hervorgezogen wurden, gewiß von großer Bedeuung sein. Auch der Brief von Leo I., welchen die „causa Honorii" anführt und dem sie den von Coelestin I. noch hätte beifügen können, war an Privatpersonen gerichtet; sie trugen aber beide die Absicht un= verkennbar an der Stirne, daß sie Glaubensentscheidungen für die ganze Kirche sein sollten, daher sie denn auch faktisch sogleich verbreitet wurden. Diese Absicht kann bei solchen Briefen offenbar nie einfach angenommen und behauptet werden, sondern es bedarf eines klaren Beweises, daß sie die ganze Kirche verpflichten wollen. Dies aus den Dokumenten und deren Geschichte hervorgehende Resul= tat, daß Honorius nicht ex cathedra gesprochen hat, findet übrigens noch eine Bestätigung durch äußere Zeugnisse.

Der h. Sophronius, Bischof von Jerusalem, bat den Bi= schof Stephan von Dor, welcher bei ihm sich aufhielt, nach Rom zu gehen und dort sich angelegentlich zu verwenden, damit die monotheletische Streit= frage durch feierliche Entscheidung des Papstes zu Ende geführt werde. Der h. Sophronius kannte aber die Briefe von Papst Honorius wohl; war ihm doch selber die Anordnung des Stillschweigens zugegangen. Eine Glaubensdefinition war somit nach seiner Ansicht in den Briefen des Honorius nicht vorhanden. In einem Briefe an den Bischof Amandus erzählt sodann Papst Martin I. nach Darlegung der mo= notheletischen Irrlehre, daß der Römische Bischof sich öfters Mühe gegeben habe, bald durch Proteste, bald durch Rügen den Sergius, den Pyrrhus und die andern Sektenhäupter von dem Irrthum abzu= bringen. Da nun Sergius zur Zeit der durch den Tod des Honorius eingetretenen Sedisvakanz gestorben ist, so konnte er nur von Honorius ermahnt worden sein, und faßte demnach auch der h. Martin die Sache so auf, als sei Papst Honorius gegen die Häresie mahnend, aber nicht entscheidend aufgetreten.

Wenn endlich der h. Agatho in seinem Briefe an den Kaiser behauptet, die Päpste hätten die häretischen Kirchenfürsten von Con= stantinopel, zuerst den Sergius ermahnt, ut a pravi dogmatis errore **saltem tacendo** desisterent, so ist leicht ersichtlich, daß mit dem saltem tacendo nur auf die Briefe des Honorius angespielt wird, wie dies unter Anderen auch von Döllinger anerkannt wird.

Mit diesem Resultate wäre in Bezug auf das Ziel unserer Bro= schüre die Honoriusfrage eigentlich erledigt. Hat Honorius nichts ex

6*

cathedra entschieden, so gehört sein Name sofort nicht mehr hierhin (Vergleiche Abschn. I. Worum handelt es sich?)

Was aber, um zur größern Aufklärung der Sache auch noch die beiden übrigen Punkte der auf S. 47 berührten Argumentation der „causa Honorii" zu würdigen, zunächst die Verwerfung des technischen Ausdrucks der katholischen Kirche δύο ἐνέργειαι anlangt, so kann dieselbe an und für sich gegen die Orthodoxie der Lehre des Honorius nichts beweisen. Es war eben mit diesem terminus technicus damals noch gerade so wie mit dem ὁμοούσιος vor dem Nicaenum. Der Ausdruck δύο ἐνέργειαι war noch nicht definirt, und Honorius konnte ihn deßhalb sogar verbieten, indem er einfach Nichtopportunist blieb. Daß aber der Teufel, welcher nach den Worten von Schrift und Tradition Irrthum und Sünde beständig auf der Welt verbreitet, die Zurückhaltung des Honorius in dieser Sache zu seinen Zwecken benützte, darf uns nicht wundern. Honorius leistete wirklich, indem er die dogmatische Definition der δύο ἐνέργειαι für nicht opportun hielt, indirekt der Häresie Vorschub, wie dies ja besonders im Typus des Constantius zu Tage trat, und so stimmen auch wir den Worten, womit „causa Honorii" abschließt: diabolum per Honorium haeresim disseminasse mit vollem Herzen zu, ohne jedoch anzunehmen, daß Honorius selber nicht orthodox gelehrt habe.

Ueber Letzteres können uns offenbar nur die von Honorius zur Darstellung seines Glaubens gebrauchten Ausdrücke sichern Aufschluß geben. Nun schließt sich aber Honorius in seinen Briefen bei offenbar häretischen Erklärungen des Sergius gegenüber eng an das Glaubensbekenntniß von Chalcedon an. Dort war nur festgestellt worden, daß in Christus zwei Naturen seien, eine göttliche und eine menschliche, dagegen war noch kein Artikel erlassen worden, daß diese zwei Naturen auch zwei Willen, zwei Handlungsweisen, eine göttliche und eine menschliche hätten, obgleich dieses als natürliche Folge aus dem Dogma von den beiden Naturen von selbst sich ergab. Was schreibt also Honorius: „Wir müssen, sagt er, wandeln, wie wir gelernt haben, indem wir bekennen, daß unser Herr Jesus Christus, der Mittler zwischen Gott und den Menschen, das Göttliche vermittels der mit dem göttlichen Worte hypostatisch vereinigten Menschheit wirkt und daß derselbe Menschliches durch das von ihm in unaussprechliche nd schlechthin einziger Weise angenommene Fleisch wirkt, ohne daß dabei irgend eine Trennung, Veränderung oder Vermischung vorgekommen wäre. Und so ist derjenige, der durch die Wunder seiner vollkommenen Gottheit glänzte, es auch, der in der Schmach der Leiden die Zustände des Fleisches erduldete, vollkommener Gott und vollkommener Mensch, ein Mittler zwischen Gott und den Menschen in zwei Naturen, das Fleisch gewordene Wort, das unter uns gewohnt hat."

Diese Sätze, welche Honorius vorträgt, geben mit der größten Gedankenschärfe den katholischen Glauben wieder. Es ist da bestimmt ausgedrückt die Einheit der Person, es ist gewahrt die Verschiedenheit, die Unversehrtheit und die Vollkommenheit der Naturen. Es ist vorhanden die communicatio idiomatum, der Ausdruck vollkommener Gott und Mensch und die ihm zugeschriebene Wirkungsweise benehmen den letzten Zweifel, ob Honorius vielleicht mit den Monotheleten das aktive Prinzip des Wirkens blos in den Logos verlege. Daher kommt es denn auch, daß zwischen Honorius und Sergius ein so wesentlicher Unterschied in der Ausdrucksweise obwaltet, wenn die Quelle in Christo, woher die Thätigkeiten entspringen, näher bezeichnet werden soll. Sergius gebraucht hierfür die Worte: ab ipsius Verbi divinitate ex uno et eodem incarnato Deo Verbo. Honorius aber drückt sich immer so aus: Dominum Jesum Christum operari. Es ist also klar, Sergius leitet alle Thätigkeiten in Christus blos von der Person des Logos als solchem ab, als ob es in Christus blos das göttliche Aktiv-Prinzip gäbe. Honorius dagegen schreibt die Thätigkeiten ganz dem katholischen Glauben gemäß der Person des Logos, insofern sie in den beiden Naturen, der göttlichen und menschlichen subsistirt und wirkt, zu, und so sagt er denn, Christus habe gewirkt divina, intercedente humanitate und habe gewirkt humana assumpta carne, und verlegt so in denselben Christus opera divinitatis et humanitatis und kommt endlich in richtiger Schlußfolge auf die communicatio idiomatum.

Während somit Sergius alle Aktivität der menschlichen Natur in Christo zerstört, hält Honorius dieselbe aufrecht, und es ist so die Orthodoxie der Lehre des Honorius, auch ohne daß er den Ausdruck δύο ἐνέργειαι gebrauchte, wozu damals noch keine Verpflichtung bestand, gesichert.

Den zweiten der von der „causa Honorii" berührten Punkte, den Ausdruck ἐν θελήμα anlangend (im ersten Briefe des Honorius an Sergius), so handelt es sich hier um jene Stelle, wo die Antwort des Honorius auf den häretischen Grundgedanken des Sergius nicht ganz stimmt (vergl. Anmerk. S. 45), und wo deßhalb die Vermuthung einer Interpolation aus innern Gründen nahe gelegt ist. Wir folgen übrigens in diesem Anhange ganz der ‚causa Honorii', indem wir die Unverletztheit der Dokumente supponiren. Auch in diesem Falle sagen wir, hat Honorius in seinen Briefen orthodox gelehrt. Das ἐν θέλημα ist ein terminus, der allerdings die Irrlehre der Monotheleten darstellen kann, aber nicht muß. Die Kirche hatte sich gegen das ἐν θέλημα, welches freilich technischer Ausdruck der monotholetischen Häresie geworden ist, noch nicht ausgesprochen. Er war ebenso wenig als solcher damals schon verboten, wie der oben besprochene δύο ἐνέργειαι zur Darstellung der katholischen Lehre geboten war. So war es ja auch noch zur Zeit des h. Athanasius mit dem Ausdruck „hypostasis." Es kommt somit alles auf den Zusammenhang an, in dem von Honorius die Worte gebraucht werden. Honorius sagt: „Unde et unam voluntatem fatemur Domini nostri Jesu Christi, quia profecto a divinitate assumpta est nostra natura, non culpa; illa profecto, quae ante peccatum creata est, non quae post praevaricationem vitiata." Warum, so fragen wir, bekennen wir nach Honorius in Christo einen Willen? Deßhalb, weil vom Logos unsere Natur angenommen worden ist, aber nicht die Schuld. Honorius weist hier klar auf die Natur, wie sie vor der Verderbniß durch die Sünde (die Concupiscenz) gewesen ist, hin. Will man nun nicht behaupten, die menschliche Natur, wie sie in Adam vor der Sünde war, hätte keine Willensfähigkeit gehabt, was doch wohl Niemand thun wird, so hatte auch die vom Logos angenommene menschliche Natur dieselbe Willensfähigkeit. Dies ist der natürliche Schluß, wozu der Gedankengang des Honorius uns nöthigt. Die „causa Honorii" etc. S. 9. geht nun aber einen Schritt weiter und macht in den Briefen des Honorius aus der moralischen Einheit (Harmonie, Uebereinstimmung) des menschlichen Willens in Christo mit dem göttlichen, wovon Honorius allein redet, eine physische, welche den menschlichen Willen gänzlich aufhebt, was dann allerdings die Irrlehre der Monotheleten wäre. Eine Berechtigung zu diesem Weitergehen liegt nun aber durchaus nicht vor; höchstens kann man hier sagen, Honorius hätte dem Sergius auf diesem Abwege (die Besprechung der Uebereinstimmung des menschlichen Willens mit dem göttlichen in Christo) von dem eigentlichen Fragepunkte nicht zu folgen gebraucht, indem Sergius seine Häresie von der physischen oder realen Willenseinheit in Christo durch die richtige Behauptung, daß es in Christo ja keine zwei entgegengesetzte Willen geben könne, listig nur zu verdecken suchen Vergl. Sergius an Honorius: ‚insuper et consequens ei sit praelicare duas voluntates contrarietates circa in vicem habentes, tanquam Deo quidem Verbo salutarem volente adimpleri passionem, humanitate vero eius obsistente eius voluntate, et resistente et perinde duo contraria volentes introducantur, quod impium est. Impossibile quippe est, in uno eodemque subiacenti duas simul et erga hoc ipsum contrarias subsistere voluntates)

Honorius folgte nun aber dennoch dem von Sergius unberechtigt in seinem Brief eingestreuten Gedanken, jedoch seinerseits durchaus im Sinne der Orthodoxie. Auch er schließt nach dem Vorgange des Briefes von Sergius in Christo ausdrücklich einen Willen aus, und zwar den Willen des Fleisches: ‚Video aliam legem in membris meis, repugnantem legi mentis meae et captivum me trahentem in legem peccati, quae est in membris meis . . . . . Non est itaque assumpta, sicut praefati sumus, a Salvatore vitiata natura, quae repugnaret legi mentis eius, sed venit quaerere et salvare quod perierat i. e. vitiatam humani generis nataram.' In Christo ist, wie Honorius lehrt, wirklich jeder Kampf oder Widerspruch zwischen den zwei Willen, dem göttlichen und menschlichen fern zu halten. Der Ausdruck ‚una voluntas' bezieht sich sowohl dem Zusammenhange nach, als im Einklange mit den anderweitigen Aeußerungen des Honorius nur auf den menschlichen Willen. (Vergleiche II. Brief des Honorius an Sergius: Utrasque naturas in uno Christo unitate naturali copulatas, cum alterius communione operantes, atque operatrices confiteri debemus; et divinam quidem, quae Dei sunt operantem; et humanam, quae carnis sunt exequentem, non devise, neque confuse, aut convertibiliter, Dei naturam in hominem, et humanam in Deum conversam edocentes, sed naturarum differentias integras confitentes.¹) Sonnenklar stellt sich uns hier die kathol. Lehre dar, wonach sowohl die göttliche Natur, als auch die menschliche ihre Eigenschaften ganz bewahrt haben; beide Naturen werden operantes genannt und weiter auch operatrices (wirkend und wirksam). Und als ob dies noch nicht genüge, wird bestimmt ausgesprochen, daß sie vermöge der natürlichen (der Natur innewohnenden) Kraft wirken und daß die Naturen auch ganz (naturarum differentias integras confitentes) vorhanden seien. Wie kann aber von der ganzen menschlichen Natur die Rede sein, wenn der menschliche Wille fehlt? Endlich heißt es von den zwei Naturen „propria operantes", womit auch die Vorstellung, als ob die menschliche Natur nur in Weise eines Instrumentes wirke, oder als ob sie theils wirksam, theils nicht wirksam sei, ganz ausgeschlossen ist. Während wir so den Sergius, um unsern Schluß zu ziehen, in verschmitzter Weise aus dem unterstellten Widerstreite der zwei Willen in Christo die Unverträglichkeit derselben (in monotheletischem Sinne) behaupten hören, hält Honorius dieselben fest, weist jedoch darauf hin, daß es in der vom Logos angenommenen menschlichen Natur nur einen Willen geben könne, der von Natur will, was Gott will, also jeden Widerstreit mit dem göttlichen Willen ausschließt.

Anhang II.

(Zu Seite 48)

Schon der heilige Bernhard hat, wie früher erwähnt, den Satz ausgesprochen, „der Papst kenne hier auf Erden keinen Richter über sich" (Epist 213.). In engem Zusammenhange damit stehen die beiden andern: „was der Papst befehle, müsse unverweigerlich gehalten werden (irrefragabiliter tenendum. Epist. 50.), und seine Decrete hätten eine unwidersprechliche Auttorität" (irrefragabilis auctoritas literarum, Epist. 48.). Die gewöhnliche und kürzeste Ausdrucksweise für diese Wahrheit sind die bekannten Worte: Summa sedes a nemine iudicatur. Es ist damit, sobald der Papst sein Urtheil gesprochen hat, jede Appellation an einen anderen Richter, sei es auch ein Concil, ausgeschlossen. Mit dem Festhalten oder Läugnen dieser Wahrheit steht oder fällt natürlich auch die Doktrin von der päpstlichen Unfehlbarkeit.

Die „causa Honorii" behauptet nun (pag. 10), das VI. öcumenische Concil habe sich wirklich ein Recht beigemessen, über den Papst der ex cathedra gesprochen, ein Urtheil zu fällen. Wäre dem wirklich so, dann stände die Doktrin von der päpstlichen Unfehlbarkeit hier vor einer großen Schwierigkeit. Zunächst dürfen wir nun wohl abermals darauf hinweisen, daß nach Capitel I. der vorstehenden Abhandlung: Worum handelt es sich?, der Papst als Privatperson einen Irrthum lehren kann, indem dieses nicht gegen die von Christo dem Petrus gegebene Verheißung verstößt. Wie fest dieser Grundsatz in der katholischen Ueberzeugung wurzelt, zeigte sich auch wiederholt in der Geschichte, unter Anderm in den Streitigkeiten zwischen Bonifaz VIII. und Philipp dem Schönen. Die Erbitterung der französischen Bischöfe gegen den Papst war damals so groß, daß sie ihn als Häretiker verurtheilten. Sie konnten sich aber dennoch nicht enthalten, beizusetzen, es handle sich hier nicht um die Häresie eines Papstes, sondern um die einer Privatperson, denn niemals könne ein Papst als Papst Häretiker sein. Da nun aber wie wir gezeigt haben, die Briefe des Honorius keine Häresie enthalten, und überdies keine Glaubensentscheidung für die ganze Kirche, so muß es sofort schon unmöglich erscheinen, aus diesem Grunde den Beweis zu führen, daß ein öcumenisches Concil über einen ex cathedra lehrenden Papst einen Urtheilsspruch gefällt habe. Die Honoriusfrage wäre damit auch in Bezug auf das, was das V. allgemeine Concil darin gethan und gesprochen hat, außerhalb des Bereiches dieser Abhandlung. Denn ob Honorius als einzelstehender Theologe (nicht als Papst) einen Irrthum gelehrt, oder ob er einen Irrthum nur durch verkehrte Maßregeln gefördert habe, berührt die Doktrin von der päpstlichen Unfehlbarkeit nicht. Folgen wir übrigens zur größeren Klarlegung der Sache auch noch der Darstellung in der „causa Honorii". Letztere zählt sieben verschiedene Verdammungsformeln auf, welche das Concil gegen Honorius angewandt hat (causa Honorii pag. 11 ff.). Was nun bei Einsicht dieser Formeln zunächst auffallen muß, ist, daß das Concil in keiner einzigen ausspricht, Honorius werde deswegen verdammt, weil er nur einen Willen in Christo gelehrt habe. Dazu kommt, daß in den beiden Aktenstücken, wegen deren das Concil das harte Urtheil über Honorius ausgesprochen hat, thatsächlich keine Häresie sich finden läßt. Wie löst sich dieses Räthsel? Sollen wir vielleicht annehmen, das Concil habe da eigentliche Häresie entdeckt, wo trotz eifrigsten Nachspürens heute keine gefunden werden kann? Aber warum wurde denn Honorius zugleich mit den Urhebern des Monotheletismus mit dem Anathem belegt? Die von dem Verfasser der „causa Honorii" sub a) angeführte Verdammungsformel hätte darüber bereits Auskunft geben können. Dieselbe beruft sich ausdrücklich auf den Consens des Honorius mit Sergius, als auf das Vergehen des Honorius. Der Consens aber betraf das von Sergius dem Papste als besonders vortheilhaft dargestellte Stillschweigen, welches sowohl denen, die eine Wirkungsweise, als auch denen, die zwei in Christo lehrten, auferlegt werden sollte (vergl. die Epist Sergii Constantinop ad Honorium Papam Romanum, lecta in actione XII. Mansi coll. Conc. t XI. pag. 530. Florentiae 1765 im Anfange der Aktenstücke). Dadurch hat Sergius allerdings den

Honorius überlistet, und der Teufel Gelegenheit bekommen, durch Honorius die Häresie auszustreuen (vergl. die nota am Schlusse der causa Honorii). Offenbar kann auch ein Bischof in zweifacher Weise Häresie ausfäen, einmal positiv, wenn er selber den Irrthum lehrt und sodann negativ, wenn er seine Pflicht als Oberer verabsäumt und durch Stillschweigen den Irrthum sich ausbreiten läßt. So lange nun der Papst nicht auch Impeccabilität besitzt, welches letztere von Niemanden behauptet wird, kann er allerdings diesen Fehler ebenfalls begehen, und Honorius hat ihn begangen, wie wir aus seinen Antwortschreiben an Sergius entnehmen. Nur deßhalb sprach das Concil sein Anathema gegen Honorius.

Durch das vollständige Eingehen in den äußerst listigen Plan des Sergius, der Stillschweigen auf seine Fahne geschrieben und in seinem Briefe an Honorius alles aufgeboten hatte, damit auch dieser derselben folge, hatte Honorius der Häresie mächtig Vorschub geleistet und war so indirekt Häretiker geworden, wiewohl er selber keine Häresie gelehrt hat. So erklären sich uns die Worte Honorio haeretico anathema (vergl. das anathema in „causa Honorii" pag. 11. sub c.), so auch die Begründung, welche das Concil seinem feierlichen Anathema in actio XIII. beifügte: quia in his omnibus eius mentem secutus est. (scil. quoad illa, quae agenda, non quae credenda vel docenda essent) et impia dogmata confirmavit scil. non quidem approbando falsam doctrinam, sed potius non resistendo incipienti haerpsi.)

Mit dem Gesagten stimmen die Titel, wodurch das Concil die Schuld der einzelnen monotheletischen Häretiker und die des Honorius näher qualificirte, vollständig überein. In dem eigentlichen Verdammungsdekrete (actio XIII.), welches das Fundament aller andern Formeln ist, findet sich:

1. dem Briefe des Sergius wird der Titel „dogmatisch" (dogmaticas epistolas) gegeben, nicht aber der Antwort des Honorius (epistolam ab illo, i. e. Honorio ad eundem Sergium);
2. den orientalischen Bischöfen werden „impia dogmata" zugeschrieben (quorum autem i. e. eorundem impia execramur dogmata, horum et nomina a sancta Dei ecclesia proiici iudicavimus i. e. Sergii, ... Cyri, Pyrrhi, Theodori etc.) nicht aber dem Honorius;

3. denselben orientalischen Bischöfen werden Sätze, utpote contraria rectae fidei nostrae sentientes, quos anathemati submitti definimus, zugeschrieben; von einem derartigen Titel oder Beiwort, das den Schriften des Honorius gegeben worden, liest man aber kein Wort.

Wir ziehen daraus den Schluß: Die Schriften des Sergius und seiner Genossen sind von dem Concil in seinem feierlichen Dekrete als häretisch verdammt worden, nicht aber die des Honorius. Auch die Titel, welche in dem Verdammungsurtheile den anathematisirten Personen gegeben werden, bestätigen das Gesagte.

Sergius wird in dem Dekrete verdammt als erster Urheber des gottlosen Dogmas (qui aggressus est de huiusmodi impio dogmate conscribere), Cyrus, Pyrrhus, Petrus und Paulus als solche, die der Gottlosigkeit beistimmten (qui ‚et similia eis senserunt'), nicht so Honorius. Er wurde weder verdammt, weil er das neue Dogma erfunden, noch weil er mit solchen ähnlich gedacht, sondern weil er ihren Rath und namentlich den des Sergius befolgt und dadurch als Befestiger der Irrlehre sich hingestellt habe (vergl. oben.).

Wenn nun auch das Concil in den andern Verdammungsformeln die Namen der Anathematisirten zusammenfaßt, und dieselben alle als Werkzeuge Satans hinstellt, als solche, welche die Häresie ausgesät, die Kirche in Verwirrung gebracht und den Glauben verletzt hätten, so war damit Jeder nach dem Maße seiner Schuld gemeint, die orientalischen Prälaten als Lehrer und Verbreiter der Häresie und Honorius als sehr übel berathener (durch den Brief des Sergius) Wächter des Glaubensdepositums. So und nicht anders faßte auch der Kaiser Constantin, welcher dem Concil beiwohnte, die Verdammung auf, indem er in seinem Edikte ausdrücklich zwischen Häretikern und demjenigen, der die Häresie gefördert habe, als welchen er den Papst Honorius bezeichnet, unterscheidet.

Noch deutlicher spricht dieses Papst Leo II. aus, dessen Zeugnisse wir an dieser Stelle übrigens eine noch weiter gehende Bedeutung beimessen werden.

Bei der Frage nach der Rechtsgültigkeit der viel besprochenen Concilienbeschlüsse ist nämlich Papst Leo II. gar nicht zu umgehen. Wir berufen uns hier auf die Worte des großen deutschen Gelehrten, dessen

Conciliengeschichte man nur nennen braucht, um sofort das größte Interesse und Vertrauen zu wecken. „So lange, sagt Hefele, (Conciliengeschichte Bd. 1. S. 47) der Papst die Beschlüsse einer noch so zahlreichen Synode nicht genehmigt hat und ihnen nicht beigetreten ist, so lange sind dieselben noch nicht Beschlüsse eines allgemeinen Concils, indem ja ein solches in der Trennung von dem Papste nicht möglich ist.

Diese päpstliche Zustimmung ist weiterhin auch nothwendig, um den Synodalbeschlüssen Unfehlbarkeit zu verleihen, indem diese Prärogative nach katholischer Lehre nur den Schlüssen allgemeiner Synoden, und zwar nur ihren Beschlüssen in rebus fidei et morum, nicht aber ihren Dekreten in Disciplinarangelegenheiten und dgl. zukommt."

Diese Worte sind in der That ein ernstes Gericht für manche Theologen unserer Tage, welche gar nicht unterlassen können, das Concil immer von seinem Haupte, dem Papste, getrennt zu betrachten und dann seine Handlungen als abgeschlossene, vollgültige, unfehlbare und rechtskräftige Akte anzusehen. Wie verhält es sich nun in dieser Beziehung mit dem VI. allgemeinen Concil? Die in Constantinopel versammelten Bischöfe haben den Honorius allerdings einen Häretiker genannt. Nehmen wir einmal wirklich an, die Concilsväter hätten von Honorius mehr behauptet, als daß er indirekt ein Häretiker geworden sei, — welches letztere wir zugeben zu können glaubten, — so konnte ihre Entscheidung die Prärogative eines allgemeinen Concils, Unfehlbarkeit und Rechtsgültigkeit doch nur erst durch die Zustimmung des Papstes erhalten. Auch das Concil von Basel, oder vielmehr die in Basel versammelten Bischöfe und Doktoren bezeichneten ja einst Eugen IV. als Häretiker, und dennoch ließ sich bislang Niemand beikommen, den Papst Eugen als solchen zu betrachten, weil nämlich das Concil die Gutheißung des Papstes nicht erlangte.

Wir müssen uns demnach auch die Bestätigungs=Urkunde des Concils durch Papst Leo II. genau ansehen. Aus dieser erfahren wir aber, daß Honorius nicht wegen falscher Lehre verdammt wird, sondern deßhalb, weil er die Wahrheit mit seiner päpstlichen Auktorität nicht zu vertheidigen suchte und so gewissermaßen den apostolischen Stuhl mit einer Makel befleckt habe. So und in keinem andern Sinne hat der Papst das Anathema der Väter bestätigt. Die Worte Leos lauten: Pariterque anathematizamus novi erroris inventores i. e. Theodorum Pharanitanum Episcopum, Cyrum Alexandrinum, Sergium, Pyrrhum, Paulum, Petrum, Constantinopolitanae ecclesiae subsessores magis quam praesules, necnon et Honorium, qui hanc apostolicam ecclesiam non conatus est doctrina apostolicae traditionis illustrare, sed profana proditione maculari immaculatam permisit. Οὐμὴν ἀλλὰ καὶ Ὀνώριο, ὅστις ταύτην τὴν ἀποστολικὴν Ἐκκλησίαν οὐκ ἐπεχείρησε διδασκαλίᾳ ἀποστολικῆς παραδόσεως ἀγνίσχι, ἀλλὰ τῇ βεβήλῳ προδοσίᾳ μιαν?ῆνχι τὴν ἄσπιλον παρεχώρησεν. Fragen wir, worin das Nähere dieser Zulassung (παρεχώρησε) Seitens des Honorius bestand, so gibt uns darüber der Brief an die spanischen Bischöfe Auskunft. Es heißt dort: Qui vero adversum apostolicae traditionis puritatem perduelliones exstiterunt, abeuntes quidem aeternae condemnatione mulctati sunt, i. e. Theodorus Pharanitanus, Cyrus Alexandrinus, Sergius, Pyrrhus, Paulus, Petrus Constantinopolitani cum Honorio, qui flammam haeretici dogmatis non, ut decuit apostolicam auctoritatem, incipientem extinxit, sed **negligendo** confovit. (Mansi coll. Conc. T. XI. p. 1052). Ebenso der an den König der Westgothen Ervigius in Spanien: Condemnati sunt . . . . . et una cum eis Honorius romanus, qui immaculatam apostolicae traditionis regulam . . . . . maculari consensit.

Muß man nun nicht einräumen, daß diese präcisirende Genehmigung des Anathems der Concilsväter durch Leo II. unser oben aus der Kritik der Verdammungsformeln selbst festgestelltes Resultat vollständig bestätigt? Kann man sodann, nachdem Papst Leo II dem Anathem über Honorius diese Bedeutung resp. Grenze zugewiesen hat, dem so bestätigten Verdammungsurtheil den Charakter der Unfehlbarkeit und der Vollgültigkeit absprechen? Oder ist es erlaubt, die Anathematismen der Concilsväter in einem der Bestätigung durch Leo II. zuwiderlaufenden Sinne zu erklären und gleichzeitig dann für Beschlüsse eines mit dem Privilegium der Unfehlbarkeit ausgestatteten öcumenischen Concils auszugeben? *)

---

*) Wenn die „causa Honorii" sagt (pag. 14), Leo II. sei es gar nicht in den Sinn gekommen, die Competenz des Concils zu bestreiten, so ist uns das nicht ganz klar. Die Competenz ist unsers Erachtens gerade dadurch und insoweit in Frage.

Wir glauben, daß hiermit auch die beiden Sätze der „causa Honorii" (pag. 12)

„Synodum oecumenicum VI.
1) Jus sibi vindicasse sententiam ferendi de papa ex cathedra loquente etc.
2) condemnasse ipsius ex cathedra datum fidei decretum cumque anathemate perstrinxisse eo quod haereticam doctrinam confirmasset"

hinreichend gewürdigt sind. Es sei uns jedoch erlaubt hier auch noch darauf hinzuweisen, daß die Vertheidigung des Honorius weit über alle infallibilistischen Kämpfe hinaufreicht. Schon im Jahre 642, also 3 Jahre nach dem Tode des Honorius, schrieb Papst Johannes IV.,*) sobald die Kunde, daß man in Constantinopel die Worte des Honorius in schlimmem Sinne deute, zu ihm gedrungen war, seine Apologie für denselben. Hierin wird eben die Stelle, welche von gegnerischer Seite vorgehalten wird, sorgfältig geprüft und aus klaren, dem Raisonnement des Honorius selbst entnommenen Beweisen als orthodox erwiesen. Es heißt dort, die monotheletische Auslegung der Worte des Honorius sei penitus alienum a mente catholici Patris (vergl. Studien über die Honoriusfrage von G. Schneemann, pag. 19). Ebenso vertheidigte zu jener Zeit der heilige Maximus (vergl. oben S. 45) den Honorius, indem er sagt, daß seine Lehre ganz mit der des heiligen Athanasius übereinstimme, und daß die Monotheleten ihn zu ihren Gunsten mit Unrecht citirt hätten, so wie sie dieses ja auch mit Gregor gethan hätten. Auch der Abt Johannes, in seiner Eigenschaft als Sekretär des Honorius, schreibt, sowohl Honorius als auch er, hätten mit dem Worte „Ein Wille" blos den Willen der menschlichen Natur gemeint: Unam voluntatem diximus in Domino, non divinitatis eius et humanitatis, sed humanitatis solius, und

---

gezogen worden, daß der Papst anders, als die Concilsväter (wenigstens nach der Auslegung, welche die Gegner der Orthodoxie des Honorius den betreffenden Verdammungsformeln geben, der wir aber nicht zustimmen konnten) es gemeint hatten, das Anathem bestätigte. Auch das II. Concil ist nicht öcumenisch in den Dekreten die Papst Damasus nicht bestätigte und das von Chalcedon in Bezug auf den canon nicht, dem Leo der Große nicht beitrat.

*) Vergl. Katholik. Zeitschrift ꝛc. 1863 II. S. 693.

Johannes bewies dies auch aus dem Texte selber. Selbst Pyrrhus, *) welcher zuerst die Verläumbung gegen Honorius unter die Leute gebracht hatte, gestand, von Maximus überwiesen, vor einer Versammlung afrikanischer Bischöfe und dem kaiserlichen Präfekten, er sei mit seiner früher ausgesprochenen Erklärung der Briefe des Honorius im Irrthum gewesen. Was endlich die Ansicht des Concils im Lateran anlangt, vor welches unter Martin I. die ganze Sache auch noch gebracht werden mußte, so sollte dasselbe in feierlichem richterlichem Akte die Hauptstütze sowohl, wie die Vertheidiger der Häresie der Welt bekannt machen und sie namentlich mit ihren Schriften verdammen, damit Jedermann wisse, wen er als einen Häretiker anzusehen habe (vergl. die Allokution des Papstes an die 105 versammelten Bischöfe bei Eröffnung des Concils).**) In den Urkunden dieses Concils sind nun als Urheber und Verbreiter der Häresie, als Ruhestörer der Kirche und Fälscher der h. Schrift nur orientalische Prälaten genannt, von Honorius findet man gar nichts. Wir glauben, daß der Schluß, welchen die Civilta Cattolica in dem erwähnten Artikel in sorgfältiger Durchführung zieht, unvermeidlich ist: „Das Schweigen dieses Concils über Honorius kam von der damaligen allgemeinen Ueberzeugung, daß Honorius im Glauben nicht geirrt habe."

Wenn nun die „causa Honorii" (pag. 14) vielleicht in Ermangelung stärkerer Beweise auch noch den Papst Hadrian II. heranzieht, „der die Verurtheilung des Honorius als Ketzer für gerecht gehalten habe", so ist diese Notiz doch nicht ganz genau. Der hochverehrte Herr Verfasser scheint übersehen zu haben, daß Hadrian blos erzählt, weshalb das VI. allgemeine Concil sich mit Honorius befaßt habe. Er sagt aber mit keinem Worte, daß Honorius von dem Concil als Häretiker verurtheilt worden sei, oder daß er selber gar eine solche Verurtheilung für gerecht halte, im Gegentheil deuten die nachfolgenden Worte, daß weder jenes Concil, noch irgend Jemand das Recht gehabt hätte, über den Papst zu urtheilen ‚nisi primae sedis pontificis consensus praecessisset auctoritas', auf etwas ganz anders hin. Auch die Berufung der „causa Honorii" (pag. 15) auf die Eidesformel

---

*) Vergl. Hefele Conciliengeschichte Bd. 3, S. 181 und S. 191.
**) Vergl. Hefele Conciliengeschichte Bd. 3, S. 190 und Civilta s. VII. v. IX.

im „Liber diurnus" (de Rozière's Ausgabe Paris 1869 n. 84) hat kein besseres Resultat. Mit jenem Eide beschwört der Papst nämlich die allgemeinen Concilien anzunehmen und verdammt dann mit dem VI. Concil auch „die Urheber der neuen Häresie (Monotheletismus), den Sergius, Pyrrhus ꝛc. una cum Honorio, qui pravis haereticorum assertionibus fomentum impendit." Ganz dasselbe beschwört demnach der Papst — laut dieser Formel, was wir oben bereits Leo ll. zur Bestätigung des Concils aussprechen hörten. Daß Papst Honorius gelehrt habe, in Christo sei nur ein Wille, oder daß er überhaupt irgend etwas Häretisches vorgetragen habe, wird hier weder ausgesprochen noch auch beschworen. Wir finden uns deßhalb um so mehr angetrieben, die ganze Eidesformel durchzulesen, und da entdecken wir, daß der Papst in derselben Formel auch beschwört, alle seine Vorgänger (folglich auch Honorius) hätten unabweichlich „immutabiliter" den wahren Glauben bewahrt und gelehrt, was freilich ganz anders klingt. — Selbstverständlich können wir also auch dem Schlusse, welchen die „causa Honorii" aus dieser Eidesformel zieht: „usque ad saeculum XI. quemlibet Pontificem, munus auspicantem, iureiurando firmasse:

A) Concilium oecumenicum iudicare posse papam saltem propter haeresin;

unsere Zustimmung nicht geben, da die Eidesformel in Wahrheit nichts davon enthält und die oben angeführten Worte von Papst Hadrian ll. sogar positiv dagegen sprechen; sowie nicht minder der weiteren Folgerung der „causa Honorii":

B) Honorium a VI. to Concilio oecumenico iure fuisse anathematizatum, quia suo fidei edicto haeresin approbaverit;"

nicht beipflichten. Wo wäre auch dies Glaubensedikt (fidei edictum) von Papst Honorius zu finden?

So erhält denn unsere Erklärung der Briefe des Honorius im Sinne der Orthodoxie eine starke Bestätigung durch die Zeitgenossen. Eine sorgfältige Kritik der Verdammungsformeln des Concils bereitete ihr keine Schwierigkeiten und auch diese Kritik fand in der Geschichte wieder ihre vollste Bestätigung. Alles ist in schönster Uebereinstimmung, die Vertheidigung des Honorius bezieht sich auf die Rechtgläubigkeit seiner Lehre, das Verdammungsurtheil auf seine Praxis. Impec=

cabilität besaß Honorius nicht, aber die Infallibilität der Lehre ist unangreifbar.

Um jedoch zum Schlusse zu kommen, wollen wir noch die letzte von der „causa Honorii" eingestreute Schwierigkeit erledigen, den Satz nämlich, daß ein Papst ja wegen Häresie abgesetzt werden könne („causa Honorii' pag. 15). Er findet sich allerdings im kanonischen Rechte, es wurde aber die Aechtheit dieser canones längst vielfach bestritten. Setzen wir sie übrigens auch als ächte voraus, so kann da doch nur die Häresie des Papstes als Privatmann gemeint sein, welche die Infallibilitätsdoktrin nicht berühren würde. *) Wenn jedoch die „causa Honorii" in der nota zu pag. 15 bemerkt: „Man sagt freilich, es handle sich hier einzig um eine Häresie des Papstes als eines Privatmannes, aber wenn der Papst überhaupt in Irrglauben fallen kann, warum sollte dann nicht auch der Fall eintreten können, daß er die Irrlehre, die er im Herzen hegt, auch ex cathedra aussprüche, da er sie ja gewiß für die katholische Lehre hielte? Denn es ist doch kein böser Wille in ihm vorauszusetzen!", so erlauben wir uns das Bedenken auszusprechen, ob man nicht ganz denselben Zweifel auch gegen ein allgemeines Concil äußern könnte, wo ja auch die einzelnen Väter nicht unfehlbar sind. Man wird uns erwiedern: Der hl. Geist wacht über ein allgemeines Concil und verhindert durch übernatürlichen Schutz den Irrthum. Aber warum hält man denn den übernatürlichen Standpunkt nur für das allgemeine Concil und nicht auch für das Oberhaupt der ganzen Kirche fest, dann, wenn er sein oberstes Lehramt in der Kirche wirklich ausübt.**) Es kommt hier doch ganz allein darauf an, ob Christus dem Petrus als Fundament und oberstem Lehrer der Kirche die Unfehlbarkeit verliehen habe oder nicht. Hat er dies, so wird der h. Geist auch hier zu verhüten wissen, daß der persönlich fehlbare Papst dann, wenn er als

---

*) Vergl. über die ganze Materie den jüngsten Artikel von P. Colombier in den Etudes religieuses, historiques et littéraires, Paris chez J. Albanel.

**) Die offenbare ignorantia elenchi, welche dieser Einwurf bekundet, beruht wohl auf einem Versehen.

Die Infallibilisten behaupten ja die päpstliche Infallibilität nur auf demselben übernatürlichen Standpunkte, auf welchem auch die Infallibilität allgemeiner Concilien festgehalten werden muß.

Lehrer zur ganzen Kirche spricht, in einen Irrthum falle. Es scheint uns übrigens, daß der h. Alphons auf diesen Einwurf schon sehr treffend erwiedert hat, wenn er sagt:

Ad providentiam Spiritus Sancti pertinebit, quod pontifex non temere, nec imprudenter unquam in tantis rebus agat et decernat (l 1. n. 110) und nicht minder Bellarmin in den Worten: Parum prodesset scire pontificem non erraturum, quando non temere definit, nisi etiam sciremus non permissuram Dei providentiam ut ille temere definiat.

Dieser und kein blos natürlicher Standpunkt ist es, den die Infallibilitätsdoktrin behauptet. Sie ist gestützt auf die Verheißung des allmächtigen Lenkers der Kirche, von Ihm erwartet sie, Er werde nie zulassen, daß der oberste Lehrer der Kirche als solcher die Brüder nicht stärke, und daß die Pforten der Hölle den Fels erschüttern, auf dem die Kirche ruht.

Aktenstücke.*)

I.
EPISTOLA

Sergii Constantinopolitani ad Honorium Papam Romanum, lecta in Actione XII.

(Mansi Collect. Conc. tom XI. q. 530, Florentiae 1765.) A. D. 633.

In tantum vobis Sanctissimis consonanter in omnibus unanimitate spiritus constringimur, ut studeamus omnium consiliorum nostrorum et actionum vos sacratissimos habere praesidentes, et nisi plurimum locorum distantia seiungeret, hoc utique quotidie gereremus, vestrae honorandae unanimisque fraternitatis munito muratoque nosmetipsos circumsepientes consultu: attamen quoniam nobis etiam sermo atque absque labore litera quod studemus impartit, confestim ea pro quibus hoc scribimus, enarramus. Ante aliquod certum tempus, cum adversus Persas a Deo confirmatus dominus noster et magnus victor promovisset exercitum, propter certamina a Deo sibi creditae Christo amabilis reipublicae et ad partes Armeniae provinciae pervenisset, unus ex principibus impiae partis Severi execrabilis, nomine Paulus, in illis locis apparens, ad eius pietatem accessit, sermonem pro sua errabunda haeresi proferens, et hoc profecto dumtaxat satisfaciendo: in quibus piisima eius ac regalis magnanimitas (cum ceteris enim donis Dei, etiam divinorum dogmatum locupletari scientia meruit) dum redarguisset atque depompasset pravam eius impietatem, profanis eius astutiis sanctae nostrae Ecclesiae, ut verus propugnator recta atque immaculata e diverso protulit dogmata; inter quae et unius operationis Christi veri Dei nostri mentionem fecit. Post aliquod vero tempus idem a Deo confirmatus imperator in provincia Lazorum adveniens recordatus est disputationis, quam, sicut diximus, fecerat ad Paulum illum haereticum in praesentia Cyri sanctissimi, tunc

---

*) Wir geben dieselben aus den „Monumenta quaedam Causam Honorii Papae spectantia", Romae 1870.

quidem eiusdem Christo amabilis Lazorum provinciae metropolitanam sedem tenentis, nunc autem magnam Alexandriam regentis. Praedictus igitur sanctissimus vir, his auditis, eius serenitati respondit, nescire subtiliter, utrum unam an duas operationes Christi veri Dei nostri adstruere necesse sit. Ergo per iussionem eius pietatis, per literas proprias interrogavit nos praedictus sanctissimus vir, utrum unam operationem, an duas in Salvatore nostro Christo necesse sit dicere; et si quosdam noscamus sanctorum ac beatissimorum patrum unam dicentes operationem.

Unde nos, quae nostrae erant scientiae, per nostra rescripta ei significavimus, dirigentes etiam sermonem acclamatorium Mennae, sanctissimi quondam patriarchae huius a Deo conservandae regiae urbis, porrectum ab eo hic praesenti Vigilio sanctae memoriae praedecessori sanctitatis vestrae, habentem et diversa testimonia paterna de una operatione et una voluntate Salvatoris nostri Christi veri Dei nostri. Nihil tamen proprium penitus in huiusmodi nostris rescriptis promulgavimus, sicut suppetit nosse vos sacratissimos et unanimes, relegentes eorum quae missa sunt exemplaria. Et silentium quidem ex illo tempore huiusmodi suscepit capitulum. Quia igitur ante parvum tempus, cooperante gratia Dei, qui omnes homines vult salvos fferi, et ad agnitionem veritatis venire, pio zelo fortissimi ac invictissimi magni imperatoris excitatus Cyrus, sanctissimus Alexandriae magnae civitatis patriarcha, et communis frater noster et consacerdos Dei, amabiliter et modeste adhortatus est eos, qui in magna civitate Alexandrina Eutychetis et Dioscori, Severi quoque et Iuliani Deo odibilium haeresi languerent, ad catholicam Ecclesiam accedere. Et post multas disputationes et labores, quos cum nimia prudentia et saluberrima disputatione in hac causa impendit, hoc, quod festinabat, per supernam gratiam ordinavit. Facta sunt inter utrasque partes dogmatica quaedam capitula, in quibus omnes (qui antea quidem in diversas portiones divisi fuerant proavosque sibi Dioscorum atque Severum sceleratos haereticos inscribebant) coadunati sunt cum sanctissima ac sola catholica Ecclesia, et unus grex Christi veri Dei nostri, omnis Christo amabilis Alexandriae populus factus est, et pene universa cum eius Aegytus et Thebais et Libia et ceterae Aegyptiacae dispositionis regiones, quas olim considerabant, ut diximus, in innumerabilem haereseon multitudinem discissas: nunc autem beneplacito Dei, et studio praedicti sanctissimi Alexandrinorum antistitis, unum labium facti sunt omnes, una vox, et in unitate spiritus recta ecclesiae dogmata confitentur. Ex his autem, quae dicta sunt atque stabilita, unum existit capitulum de una operatione Christi magni Dei et Salvatoris nostri. His ita provenientibus, Sophronius venerabilis monachus, qui (ut nunc ex uno auditu didicimus) Hierosolymorum praesul est ordinatus (necdum enim hactenus eius ex more synodica suscepimus) apud Alexandriam tunc temporis positus, cum praefato sanctissimo papa, quando, sicut diximus, admirabilem illam circa eos, qui dudum haeretici fuerant, Dei beneplacito unitatem componebat, atque cum eo de eisdem capitulis pertractabat, adversatus est, et contradixit ad unius operationis capitulum duas omnino operationes Christi Dei nostri dignum inquiens censeri; praenominato autem sanctissimo papa praesertim testimonia ei quorumdam sanctorum patrum nostrorum proferente, dispersim in quibusdam opusculis suis unam operationem asserentium, ad haec quoque et ex abundanti inquiente, quod multoties sancti patres nostri, ut lucrarentur plurimarum animarum salutem, dum talia emergerent capitula, Deo gratis dispensationibus ac placitis usi fuisse videntur. nihil de subtilitate rectorum ecclesiae dogmatum exagitantes; et dicente, quod oporteat utique etiam in praesenti, dum tantorum millium populorum salus prae manibus ponitur, nihil de hoc per contentionem altercari, idcirco quod, sicut dictum est, etiam a quibusdam sacris patribus vox huiusmodi dicta est, nihilque de hoc laedatur rectae fidei ratio, memoratus Deo amabilis Sophronius talem dispensationem nullatenus accepto tulit.

Quia igitur pro hoc cum literis eiusdem sanctissimi comministri ad nos coniunxit, de hoc quoque etiam apud nos sermonem movendo insistens, ut de talibus adimeretur capitulis, post factam unitionem. vox unius operationis, durum hoc nos arbitrati sumus. Quomodo enim non esset durum et valde onerosum, quando hoc resolvere evertereque erat futurum quidem omnem illam concordiam atque unitatem, quae bene fuerat effecta, tam apud Alexandrinam magnam civitatem, quamque per universas sub ea provincias, quae nullo

empore usque nunc acquieverant, nomen saltem simplex divini
tque laudabilis patris nostri Leonis, aut sancti et magni atque
niversalis Chalcedonensis concilii mentionem facere, nunc vero
raeclara, et magna voce in divinis missarum arcanis hoc praedi-
·antes? Multis igitur a nobis de hoc motis sermonibus ad praenomi-
atum venerabilem Sophronium, postremo adhortati eum sumus,
estimonia nobis proferre sanctornm ac probabilium patrum, illo-
um videlicet, quos omnes communiter doctores confitemur, et
uorum dogmata legem sanctae Dei cognoscunt ecclesiae, duas
·ominatim et ipsis verbis operationes in Christo dicendas tra-
·entia; ille autem hoc facere penitus non valuit. Nos vero conside-
antes, incipientem ex hoc inter quosdam hic contentionem exar-
·escere, et scientes quod semper ex huiusmodi decertationibus hae-
eseon dissensiones effectae sunt, necessarium iudicavimus, omne
tudium ponere ad sedandum atque amputandum talem superfluum
erborum conflictum, et ad saepe dictum sanctissimum Alexan-
lriae patriarcham scripsimus, ut, postquam unitatem cum his, qui
ridem separabantur, Deo auxiliante composuit, de cetero nullum
ermitteret unam aut duas proferre operationes in Chri-
to Deo nostro magis autem (sicut sancta et universalia tradi-
derunt concilia) unum eundemque Filium unigenitum, Dominum no-
trum Iesum Christum verum Deum, operatum confiteri tam di-
ina quamque humana; et omnem Deo decibilem et homine dignam
perationem ex uno eodemque incarnato Deo Verbo indivise pro-
edere, et ad unum eumdemque redigi; eo quod unius quidem
perationis vox, quamquam a quibusdam sanctis dicta est pa-
·ribus, tamen peregrina videatur, et perturbare aures quorundam,
uspicantium, ad peremtionem hanc proferri inconfuse atque secun-
lum subsistentiam unitarum in Christo Deo nostro duarum natu-
arum*) quod non est unquam, nec fiat; similiter autem et
luarum operationum dictio multos scandalizet, utpote

---

*) Una operatio fann man offenbar ganz richtig sagen, wenn man babei ben
inen operator meint, die Person oder das principium quod; wenn man aber die
? Naturen im Auge hat, die göttliche und menschliche, ober das principium quo, so
nuß man auch duplex operatio sagen.

a nullo sanctorum et probabilium Ecclesiae institutorum edita; insuper et consequens ei sit praedicare duas voluntates contraritates circa invicem habentes, tanquam Deo quidem Verbo salutarem volente adimpleri passionem, humanitate vero eius obsistente eius voluntati, et resistente, et perinde duo contraria volentes introducantur, quod impium est.*) Impossibile quippe est, in uno eodemque subiacenti duas simul et erga hoc ipsum contrarias subsistere voluntates; nam salutaris Deum gerentium patrum doctrina manifeste instruit, quod nunquam intellectualiter animata domini caro separatim et ex appetitu proprio, contrario nutui unita sibi sesundum subsistentiam Dei verbi, naturalem motum suum effecit, sed quando, et qualem, et quantum ipse Deus Verbum volebat; et, ut planius dicatur, quemadmodum corpus nostrum regitur et ornatur et disponitur ab intellectuali et rationali anima nostra ita et in Domino nostro tota humana eius conspersio ab ipsius Verbi deitate semper in omnibus mota, deimobilis erat secundum Nyssenum Gregorium, dicentem contra Eunomium ita: Secundum quod Deus Filius impassibilis utique est et immortalis. Si qua autem passio de eo in evangelio dicitur, per humanitatem profecto quae suscipiebat passionem, huiusmodi operatus est. Operatur quippe vere deitas per corpus, quod circa ipsam est, omnium salutem, ut sit carnis quidem passio, Dei autem operatio.

Hanc igitur, ut dictum est, contentionem incipientem accend videntes, neccesarium iudicavimus,**) attritas potius sanctorum patrum voces et synodice definitas semper sequi, et neque quae raro a quibusdam patribus dicta sunt et non circa haec intentionem habentibus, quasi planam et inambiguam de eis doctrinam exponerent, ad regulam et legem per omnia dogmaticam reducere,***

---

*) Die List des Sergius besteht darin, daß er seine falsche (monotheletische) Ansicht einer realen oder physischen Willenseinheit durch die in der That wahre Behauptung verdeckt, es könnten in Christo keine sich entgegengesetzten Willen sein was Honorius in seinem Antwortschreiben auch einräumt.

**) Sergius insinuirt hier dem Honorius, daß man doch über diese Frage durchaus Stillschweigen auferlegen solle.

***) Sergius verlangt, daß keine der beiden Ansichten zum Dogma erklärt werde nicht die von einer Wirkungsweise und auch nicht die von zweien. Wirklich wo auch durch die heil. Schrift sowohl als durch die Concilien noch keine dieser Ausdrucksweisen geboten.

quale est et quod de una operatione ab eis dictum est; neque iterum quae nullatenus dicta sunt a probabilibus patribus, nunc vero a quibusdam proferuntur, duas inquam operationes, tanquam dogma ecclesiasticum proferre. Et ad ultimum stetit ac placuit, quatenus praedictus Sophronius venerabilis nullum sermonem de cetero de una sive duabus operationibus movere debeat, sed ei sufficiat praefata cautaque ac trita sanctorum patrum recta traditio atque doctrina. His itaque contentus saepe nominatus venerabilis vir, et haec custodire certificans, petivit nos etiam per epistolam de his ei praebere responsum, quatenus huiusmodi epistolam ut ait, ostendat his, qui forsitan interrogare eum de praedicta quaestione voluerint, quod et alacriter egimus. Et ille quidem in his hinc enavigavit. Nuper autem piissimus et a Deo coronatus Dominus noster apud Edessenam demorans civitatem, pios ad nos apices fecit, praecipientes, ut paterna illa testimonia defloraremus, quae continentur in libro dogmatico, sicut dictum est, facto a sanctae memoriae Menna ad sanctissimum Vigilium de una operatione et una voluntate, et haec a Deo instructae eius serenitati dirigere deberemus; quod et ad effectum perduximus. Nos autem quae dudum mota sunt, memoriae retinentes, et tumultum qui ex huiusmodi motione coepit, scientes, suggessimus eius piisimae serenitati per mediocrem nostram suggestionem et scripta ad excellentissimum sacellarium imperialem consequenter huius capituli omnem subtilitatem, horumque quae a nobis de hoc actitata sunt, et quod non oporteat de huiusmodi inquisitione perscrutari, sed permanere in attrita patrum doctrina, quam omnes consonantes confitentur de huiusmodi quaestione, et confiteri unigenitum Filium Dei, qui veraciter Deus simul et homo est, eumdem operari divina et humana, et ex eo uno eodemque incarnato Deo Verbo, sicut iam sumus effati, inseparabiliter atque indivise omnem divinam atque humanam operationem procedere. Hoc namque nos Leo Dei portitor instruit, manifeste perhibens: Agit enim utraque forma cum alterius communione quod proprium habet. In quibus rescriptum piae iussionis ab eius mansuetissima suscepimus fortitudine, quae a Deo conservandam eius serenitatem condecent, continentem. His igitur omnibus principio ita provenientibus, rationabile simul, et necessariam iudicavimus, de his quae partim memorata sunt, cognitionem dare vestrae fraternae atque unanimi beatitudini per exemplaria quae a nobis directa sunt, et adhortamur vos, sacratissimi, haec omnia legere, et Deo placitam ac plenissimam caritatem, quae in vobis est, nunc quoque sequentes, si quid amplius minusve inveneritis, hoc per datam vobis a Deo gratiam adimplere, atque per sanctas syllabas vestras una cum vestra optabili sospitate, quaeque super his vobis fuerint placita, significare.

II.

EPISTOLA PRIMA

Honorii Papae Romani ad eumdem Sergium.

(Ibidem p. 538.) A. D. 634.

Scripta fraternitatis vestrae suscepimus, per quae contentiones quasdam et novas vocum quaestiones cognovimus introductas per Sophronium quemdam, tunc monachum, nunc vero ex audito episcopum Hierosolymitanae urbis constitutum, adversus fratrem nostrum Cyrum Alexandriae antistitem, unam operationem Domini nostri Jesu Christi conversis ex haeresi praedicantem. *) Qui denique ad vestram fraternitatem Sophronius veniens, querelamque huiusmodi deponens, multiformiter eruditus, petiit de his, quae a vobis fuerat instructus, paginalibus sibi syllabis reserari: quarum literarum ad eumdem Sophronium directarum suscipientes exemplar, et intuentes, satis provide circumspecteque fraternitatem vestram scripsisse, laudamus novitatem vocabuli auferentem, quod posset scandalum simplicibus generare.**) Nos enim in quo percepimus, oportet ambulare. Enimvero duce Deo perveniemus usque ad mensuram rectae fidei, quam Apostoli veritatis scripturarum sanctarum funiculo extende-

---

*) Mit diesen Worten billigt Honorius die Lehre des Cyrus von einer Willensthätigkeit keineswegs, sondern erwähnt einfach den Inhalt des Briefes von Sergius.

**) Honorius lobt hier nicht den Irrthum des Sergius, sondern die Umsicht und Klugheit desselben, da er neue Ausdrucksweisen, die bei Unwissenden Anstoß erregen könnten, ganz zu vermeiden suche.

:unt, confitentes Dominum Iesum Christum, mediatorem Dei et hominum, operatum divina media humanitate Verbo Deo naturaliter mita, eundemque operatum humana ineffabiliter atque singulariter assumpta carne, discrete, inconfuse atque inconvertibiliter plena divinitate, et qui coruscavit in carne plena divinis miraculis, ipse est et carneus effectus plene Deus et homo, passiones et oppropria patitur, unus mediator Dei et hominum in utrisque naturis, Verbum caro factum, et habitavit in nobis, ipse Filius hominis de coelo descendens, unus atque idem, sicut scriptum est, crucifixus Dominus maiestatis, dum constet divinitatem nullas posse perpeti humanas passiones, et non de coelo, sed de sancta est assumpta caro Dei genitrice: (nam per se veritas in evangelio ita inquit: Nullus ascendit in coelum, nisi qui de coelo descendit, filius hominis, qui est in coelo) profecto nos instruens, quod divinitati unita est caro passibilis ineffabiliter atque singulariter, ut discrete atque inconfuse, sic indivise videretur coniungi; ut nimirum stupenda mente mirabiliter manentibus utrarumque naturarum differentiis cognoscatur uniri. Cui Apostolus concinens ad Corinthios ait: Sapientiam loquimur inter perfectos, sapientiam vero non huius saeculi, neque principum huius sacculi, qui destruuntur, sed loquimur Dei sapientiam in mysterio absconditam, quam praedestinavit Deus ante saecula in gloriam nostram, quam nemo principum huius saeculi cognovit. Si enim cognovissent, nunquam Dominum maiestatis crucifixissent. Dum profecto divinitas nec crucifigi potuit nec passiones humanas experiri vel perpeti, sed propter ineffabilem coniunctionem humanae divinaeque naturae, idcirco et ubique Deus dicitur pati, et humanitas ex coelo cum divinitate descendisse. Unde*) et unam voluntatem fatemur Domini nostri Jesu Christi, quia profecto, a divinitate assumpta est nostra natura, non culpa; illa profecto quae ante peccatum creata est, non quae post praeva-

---

*) Wegen der unausſprechlich wunderbaren Vereinigung der göttlichen und der menſchlichen Natur.

ricationem vitiata. *) Christus enim Dominus, in similitudine carnis peccati veniens peccatum mundi abstulit, et de plenitudine eius omnes accepimus: et formam servi suscipiens, habitu inventus est ut homo, quia sine peccato conceptus de Spiritu Sancto, etiam absque peccato est partus de sancta et immaculata virgine Dei genitrice, nullum experiens contagium vitiatae naturae. Carnis enim vocabulum, duobus modis sacris eloquiis boni malique cognovimus nominari, sicut scriptum est: Non permanebit Spiritus meus in hominibus istis, quia caro sunt. Et Apostolus: Caro et sanguis regnum Dei non possidebunt. Et rursum: Mente servio legi Dei, carne autem legi peccati. Et: Video aliam legem in membris meis, repugnantem legi mentis mei, et captivum me trahentem in legem peccati, quae est in membris meis. Et alia multa huiusmodi in malo absolute solent intelligi vel vocari. In bono autem ita: Isaia propheta dicente: Veniet omnis caro in Hierusalem, et adorabunt in conspectu meo. Et Iob: ln carne mea videbo Deum. Et alibi: Videbit omnis caro salutare Dei. Et alia diversa. Non est itaque assumpta, sicut praefati sumus, a Salvatore vitiata natura, quae repugnaret legi mentis eius, sed venit quaerere et salvare quod perierat, id est, vitiatam humani generis naturam. Nam lex alia in membris, aut voluntas diversa non fuit vel contraria Salvatori, quia supra legem natus est humanae conditionis. Et si quidem scriptum est: Non veni facere voluntatem meam, sed eius qui misit me Patris, et: Non quod ego volo, sed quod tu vis Pater. et alia huiusmodi, non sunt haec diversae voluntatis, sed dispensationis humanitatis assumptae. **) Ista enim propter nos

---

*) Wie aus der Argumentation, deren Honorius sich hier bedient, hervorgeht nimmt er hier eine moralische Einheit, Harmonie oder Consens des menschlichen mit dem göttlichen Willen an, nicht aber wie die Monotheleten eine physische oder reale Einheit. Honorius verwirft sogar in seinem Beweisgange gradezu das Argument womit Sergius beweisen wollte, daß in Christus außer dem göttlichen Willen nich auch ein menschlicher sein könne.

**) Da Christus nicht unsere verderbte Natur angenommen hat, so war bei ihm der appetitus sensitivus dem vernünftigen Willen vollständig unterthan und der vernünftige Wille hinwiederum in freier Unterwürfigkeit dem göttlichen ganz conform. Vergl. über das Wort dispensatio Studien über die Honoriusfrage von Schneemann S. 43.

licta sunt quibus dedit exemplum, ut sequamur vestigia eius,
pius magister discipulos imbuens, ut non suam unusquisque
nostrum, sed potius Domini in omnibus praeferat voluntatem. *)
Via igitur regia incedentes, et dextrorsum vel sinistrorsum ve-
natorum laqueos circumpositos evitantes, ne ad lapidem pedem
nostrum offendamus, Idumaeis, id est, terrenis atque haereticis
propria relinquentes, nec vestigio quidem pedis sensus nostri
terram, id est, pravam eorum doctrinam omnimodo atterentes,
ut ad id, quo tendimus, hoc est, ad fines patrios pervenire pos-
simus, ducum nostrorum semita gradientes, et si forte quidam
balbutientes, ut ita dicam, adnisi sunt proferentes exponere,
formantes se in specimen nutritorum, ut possent mentes imbuere auditorum, non oportet ad dogmata haec ecclesiastica retorquere,**) quae neque synodales apices, super hoc examinantes,
neque auctoritates canonicae visae sunt explanasse, ut unam
vel duas energias aliquis praesumat Christi Dei pradicare, quas
neque evangelicae vel apostolicae literae, neque synodalis exa-
minatio super his habita, visae sunt terminasse, nisi fortassis,
sicut praefati sumus, quidam aliqua balbutiendo docuerunt, con-
descendentes ad informandas mentes atque intelligentias parvu-
lorum, quae ad ecclesiastica dogmata trahi non debent, quae
unusquisque in sensu suo abundans, videtur secundum propriam
sententiam explicare. Nam quia Dominus Iesus Christus, Filius
ac verbum Dei, per quem facta sunt omnia, ipse sit unus operator divinitatis atque humanitatis,***) plenæ sunt sacræ literæ
luculentius demonstrantes. Utrum autem propter opera divinitatis et humanitatis una an geminae operationes debeant deri-

---
*) Unmöglich hätte Honorius diese Worte schreiben können, wenn er nicht zwei
Willensthätigkeiten, die göttliche und die menschliche, in Christo angenommen hätte.
**) Honorius lehnt mit diesen Worten eine dogmatische Definition entschieden ab.
***) Indem Honorius Werke der Gottheit und der Menschheit annimmt, läßt er
auch die göttliche und die menschliche Natur und zwar, wie aus den Fragmenten des
zweiten Briefes an Sergius noch klarer hervorgeht, die ganze menschliche Natur zu,
also außer dem göttlichen auch den menschlichen Willen. Uebrigens hatte Honorius
oben auch schon gesagt, daß Christus die menschliche Natur angenommen habe quae
ante peccatum creata erat non quae post praevaricationem vitiata. Die mensch=
liche Natur, wie sie vor der Sünde war, hatte doch gewiß einen Willen.

vatae dici vel intelligi, ad nos ista pertinere non debent, relinquentes ea grammaticis, qui solent parvulis exquisita derivando nomina venditare.*) Nos enim non unam operationem vel duas Dominum Iesum Christum eiusque Sanctum Spiritum, sacris literis percepimus, sed multiformiter cognovimus operatum. Scriptum est enim: Si quis Spiritum Christi non habet, hic ejus non est. Et alibi: Nemo potest dicere Dominus Iesus, nisi in Spiritu Sancto. Divisiones vero gratiarum sunt, idem autem Spiritus: et divisiones ministrationum sunt, idem autem Dominus; et divisiones operationum sunt, idem vero Deus, qui operatur omnia in omnibus. Si enim divisiones operationum sunt multae, et has omnes Deus in membris omnibus pleni corporis operatur, quanto magis capiti nostro Christo Domino haec possunt plenissime coaptari; ut caput et corpus unum sit perfectum, ut profecto occurrat, sicut scriptum est, in virum perfectum, in mensuram aetatis plenitudinis Christi. Si enim in aliis, id est in membris suis, Spiritus Christi multiformiter operatur, in quo vivunt, moventur et sunt, quanto magis per semetipsum mediatorem Dei et hominum, plene ac perfecte, multisque modis ineffabilibus confiteri nos communione utriusque naturae condecet operatum? Et nos quidem secundum sanctiones divinorum eloquiorum oportet sapere, vel spirare, illa videlicet refutantes, quae quidem novae voces noscuntur sanctis Dei ecclesiis scandala generare, ne parvuli aut duarum operationum vocabulo offensi, sectantes Nestorianos nos vesana sapere arbitrentur, aut certe, si rursus unam operationem Domini nostri Iesu Christi fatendam esse censuerimus, stultam Eutychianistarum attonitis auribus dementiam fateri putemur, praecaventes, ne quorum inania arma combusta sunt, eorum cineres redivivos ignes flammivomarum denuo renovent quaestionum, simpliciter atque veraciter confitentes Dominum Iesum Christum unum operatorem divinae atque humanae naturae, electius arbitrantes, ut vani naturarum ponderatores, otiose nego-

---

*) Insofern es sich um neue Worte und Ausdrucksweisen handelte, erklärt sich Honorius als entschiedenen Gegner, vergl. in der vorstehenden Abhandlung, Anmerkung zu pag. 47 und pag. 82.

…iantes, et turgidi adversus nos insonent vocibus ranarum philosophi, quam ut simplices, et humiles spiritu populi Christiani possint remanere ieiuni. Nullus enim decipiet per philosophiam et inanem fallaciam discipulos piscatorum, eorum doctrinam sequentes; omnia enim argumenta scopulosa disputationis callidae atque fluctivaga in eorum retia sunt collisa. Haec*) nobiscum fraternitas vestra praedicet, sicut et nos ea vobiscum unanimiter praedicamus, hortantes**) vos, ut unius vel geminae novae vocis inductum operationis vocabulum aufugientes, ***) unum nobiscum Dominum Iesum Christum Filium Dei vivi, Deum verissimum, in duabus naturis operatum, divinitus atque humanitus, fide orthodoxa et unitate catholica praedicetis. Subscriptio. Deus te incolumem custodiat, dilectissime atque sanctissime frater.

III.
EPISTOLAE SECUNDAE
Honorii ad Sergium fragmenta.
(Ibidem p. 579.) A. D. 634.

Nec non et Cyro fratri nostro Alexandriae civitatis praesuli, quatenus novae adinventionis unius vel duarum operationum vocabulo refutato, claro Dei ecclesiarum praeconio nebulosarum concertationum caligines offundi non debeant vel aspergi, ut profecto unius vel geminae operationis vocabulum, noviter introductum ex praedicatione fidei eximatur. Nam qui haec dicunt, quid aliud nisi iuxta unius vel geminae naturae Christi Dei vocabulum, ita et operationem unam vel geminam suspicantur? Super quod clara sunt

---

*) D. i. was er im Nachfolgenden zusammenfaßt.

**) Hortari, insinuare und instruere sind noch nicht gleich bedeutend mit praecipere et poenis sancire.

***) Da haben wir den Fehler des Honorius in einem Worte; er predigt die Wahrheit nicht offen und unumwunden wie es sich geziemt hätte, sondern verdeckt sie gleichsam, indem er zum Stillschweigen auffordert, er ist gegenüber der in der Kirche bereits nothwendig gewordenen strengern Präzisirung der Ausdrucksweise entschiedener Nicht-Opportunist.

divina testimonia. Unius autem operationis vel duarum esse, vel fuisse, mediatorem Dei et hominum, Dominum Iesum Christum, sentire et promere, satis ineptum est.

Et quidem, quantum ad instruendam notitiam ambigentium, sanctissimae fraternitati vestrae per eam insinuandam praevidimus. Ceterum, quantum ad dogma ecclesiasticum pertinet, quae tenere vel praedicare debemus, propter simplicitatem hominum et amputandas inextricabiles quaestionum ambages, sicut superius diximus, non unam, vel duas operationes in mediatore Dei et hominum definire, sed utrasque naturas in uno Christo unitate naturali copulatas, cum alterius communione operantes, atque operatrices*) confiteri debemus; et divinam quidem, quae Dei sunt operantem; et humanam, quae carnis sunt exequentem, non divise, neque confuse, aut convertibiliter, Dei naturam in hominem, et humanam in Deum conversam edocentes, sed naturarum differentias integras**) confitentes: unus enim atque idem est humilis et sublimis, aequalis Patri, et minor Patre, ipse ante tempora, natus in tempore est; per quem facta sunt saecula, factus in saeculo est; et qui legem dedit, factus sub lege est, ut eos qui sub lege erant redimeret; ipse crucifixus, ipse chirographum, quod erat contra nos, evacuans in cruce de potestatibus et principatibus triumphavit. Auferentes ergo, sicut diximus, scandalum novellae adinventionis, non nos oportet unam vel duas operationes definientes praedicare, sed pro una, quam quidam dicunt, operatione, oportet nos unum operatorem Christum Dominum in utrisque naturis veridice confiteri; et pro duabus operationibus, ablato geminae operationis vocabulo, ipsas potius duas naturas, id est, divinitatis et carnis assumptae, in una persona unigeniti Dei Patris, inconfuse, indivise, atque inconvertibiliter nobiscum praedicare propria operantes. Et hoc quidem beatissimae fraternitati vestrae insinuandum praevidimus, quatenus unius confessionis propositum unanimitati vestrae sanctitatis

---

*) Indem Honorius utrasque natures operantes nennt und nicht blos von Christus oder von der Person das operari ausjagt, anerkennt er offenbar die orthodoxe Lehre, daß auch die menschliche Natur ein principium operandi ist.

**) Die menschliche Natur wäre nicht integra, wenn ihr der menschliche Wille fehlte.

monstremus, ut profecto in uno spiritu anhelantes, pari fidei documento conspiremus. Scribentes etiam communibus fratribus Cyro et Sophronio antistitibus, ne novae vocis, id est, unius vel geminae operationis, vocabulo insistere vel immorari videantur, sed abrasa huiusmodi novae vocis appellatione, unum Christum Dominum nobiscum in utrisque naturis divina, vel humana praedicent operantem. Quamquam hos, quos ad nos praedictus frater et coepiscopus noster Sophronius misit, instruximus, ne duarum operationum vocabulum deinceps praedicare innitatur, quod instantissime promiserunt praedictum virum esse facturum, si etiam Cyrus frater et coepiscopus noster ab unius operationis vocabulo discesserit.

IV.
EX EPISTOLA
Agathonis Papae ad Constantinum, *) *Heraclium et Tiberium Augustos, lecta in Actione IV Concilii Oecumenici Constantinopolitani III.*

(Apud Mansi Collectio Conciliorum, tom. XI, p. 234. Florentiae 1765.)

A. D. 680.

Haec est verae fidei regula, quam et in prosperis et in adversis vivaciter tenuit ac defendit haec spiritalis mater vestri tran-

---

*) Dies dogmatische Schreiben Papst Agathos, in welchem die Unfehlbarkeit des h. Stuhles unzweifelhaft gelehrt wird, wurde, wie bekannt, von dem Concil nach feierlicher Verlesung sofort acceptirt. Selbst abfehend von dem Beiftande des h. Geiftes, der öcumenische Concilien vor Irrthümern in rebus fidei et morum schützt, (Hefele Conciliengeschichte Bd. I. S. 47) wäre schon von rein natürlichem Standpunkte aus ungedenkbar, wie eine solche Versammlung in ein und derselben Sitzung erklärt haben sollte:
1) daß die Päpste niemals ex cathedra einen Irrthum verkündigt haben oder verkündigen werden;
2) daß ein bestimmter Papst — Honorius — ex cathedra eine häretische Lehre wirklich vorgetragen habe.

Der Schwierigkeit, welche der Beitritt des VI. allgemeinen Concils zum Schreiben Agathos bereitet, läßt sich nur dadurch begegnen, daß man die Verdammungsformel des Honorius in einem Sinne versteht, der mit der Lehre von der päpstlichen Unfehlbarkeit sich verträgt.

8

quillissimi imperii, apostolica Christi Ecclesia: quae per Dei omnipotentis gratiam a tramite apostolicae traditionis numquam errasse probabitur *) nec haereticis novitatibus depravata succubuit; sed ut ab exordio fidei christianae percepit ab auctoribus suis Apostolorum Christi principibus, illibata fine tenus permanet secundum ipsius Domini Salvatoris divinam pollicitationem, quam suorum discipulorum principi in sacris evangeliis fatus est: Petre, Petre, inquiens, ecce Satan expetivit ut cribraret vos, sicut qui cribrat triticum: ego autem pro te rogavi, ut non deficiat fides tua; et tu aliquando conversus, confirma fratres tuos. Consideret itaque vestra tranquilla clementia, quoniam Dominus et Salvator omnium, cuius fides est, qui fidem Petri non defecturam promisit, confirmare eum fratres suos admonuit, quod apostolicos pontifices, meae exiguitatis praedecessores, confidenter fecisse semper cunctis est cognitum: quorum et pusillitas mea, licet impar et minima, pro suscepto tamen divina dignatione ministerio pedissequa cupit existere. Vae enim mihi erit, si veritatem Domini mei, quam illi sinceriter praedicarunt, praedicare neglexero. Vae mihi erit, si silentio texero veritatem, quam erogare nummulariis iussus sum, id est, christianum populum imbuere et docere. Quid dicam in ipsius Christi futuro examine, si hic (quod absit) praedicare eius sermonum veritatem confundor? Quid de me ipso, quid de commissis animabus satisfaciam, dum de officio suscepto rationem districtam exegerit? Quis igitur, clementissimi atque piissimi domini et filii, (quod tremens et consternatus spiritu dico) non provocetur illa admirabili pollicitatione, quae fidelibus repromittit: Qui me confessus fuerit coram hominibus, inquiens, confitebor et ego eum coram Patre meo, qui in coelis est? Et quem infidelium saltem non perterreat illa severissima comminatio qua indignaturum se protestatur et asserit, inquiens: Qui me negaverit coram hominibus, negabo et ego eum coram Patre meo, qui in coelis est? Unde et B. Paulus apostolus gentium commonet et dicit: Sed licet nos aut

---

*) So hätte Agatho nicht schreiben können, wenn man damals geglaubt hätte Honorius sei in eine Häresie gefallen; vergleiche „Hagemann, die römische Kirche und ihr Einfluß auf Disciplin und Dogma" S. 49.

angelus de coelo evangelizet vobis praeter quod evangelizavimus vobis, anathema sit. Ubi itaque talis imminet depravantibus vel tacentibus veritatem poena supplicii, quomodo non est fugienda de fidei dominicae veritate subtractio? Unde et apostolicae memoriae meae parvitatis praedecessores, dominicis doctrinis instructi, ex quo novitatem haereticam in Christi immaculatam Ecclesiam Constantinopolitanae ecclesiae praesules introducere conabantur, **numquam** neglexerunt eos hortari atque obsecrando commonere, ut a pravi dogmatis haeretico errore, **saltem tacendo** *) desisterent, ne ex hoc exordium dissidii in unitate Ecclesiae facerent, unam voluntatem unamque operationem duarum naturarum asserentes in uno Domino nostro Iesu Christo. . . .

Eximenda proinde ac summis conatibus cum Dei praesidio liberanda est sancta Dei Ecclesia Christianissimi vestri imperii de talium doctorum erroribus, et evangelicam orthodoxae fidei rectitudinem, quae fundata est super firmam petram huius beati Petri Apostolorum principis Ecclesiae, quae eius gratia et praesidio **ab omni errore illibata permanet** **) omnis praesulum numerus ac sacerdotum, cleri ac populorum, unanimiter ad placendum Deo animamque salvandam, veritatis formulam apostolicae traditionis nobiscum confiteatur et praedicet.

V.

Condemnatur Honorius in Concilii Actione XII.
(Ibidem p. 554.) A. D. 680.

Sanctum Concilium dixit: Retractantes **dogmaticas** epistolas, quae tamquam a Sergio quondam patriarcha huius a Deo conservandae regiae urbis scriptae sunt tam ad Cyrum, qui tunc fuit

---

*) Agatho spielt hier auf die Mahnung des Honorius zum Stillschweigen, welche derselbe gleich beim Entstehen des Monotheletismus ergehen ließ, an.

**) Vergleiche vorige Anmerkung auch „Hagemann, die römische Kirche ꝛc. ꝛc." besonders S. 550, die Einheit der Kirche unter Leitung und Auctorität der römischen Kirche; vergleiche auch „Hippolytus und Kallistus oder die römische Kirche in der ersten Hälfte des dritten Jahrhunderts" von Döllinger S. 242.

episcopus Phasidis, quam ad Honorium quondam Papam antiquae Romae; similiter autem et epistolam ab illo, id est, Honorio rescriptam ad eumdem Sergium, hasque invenientes omnino alienas existere ab apostolicis dogmatibus et a definitionibus sanctorum conciliorum et cunctorum probabilium Patrum, sequi vero falsas doctrinas haereticorum, eas omnimodo abiicimus, et tamquam animae noxias execramur.*) Quorum autem, id est, eorumdem, impia execramur dogmata, horum et nomina a sancta Dei Ecclesia proiici iudicavimus, id est, Sergii quondam praesulis huius a Deo conservandae regiae urbis, qui aggressus est de huiusmodi impio dogmate conscribere, Cyri Alexandriae, Pyrrhi, Petri et Pauli, qui et ipsi praesulatu functi sunt in sede huius a Deo conservandae civitatis, et similia eis senserunt, ad haec et Theodori quondam episcopi Pharan, quorum omnium superscriptarum personarum mentionem fecit Agatho, sanctissimus ac ter beatissimus Papa antiquae Romae, in suggestione, quam fecit ad piisimum et a Deo confirmatum dominum nostrum et magnum imperatorem, eosque abiicit, utpote contraria rectae fidei nostrae sentientes, quos anathemati submitti definimus. Cum his vero simul proiici a sancta Dei catholica Ecclesia, simulque anathematizari praevidimus et Honorium, qui fuerat Papa antiquae Romae, eo quod invenimus per scripta, quae ab eo facta sunt ad Sergium, quia in omnibus eius mentem **) secutus est, et impia dogmata confirmavit. ***)

---

*) Honorius wird hier condemnirt, nicht weil er Häresie gelehrt hat, sondern weil er dem Willen des Sergius nachgebend, sich begnügte, Stillschweigen aufzuerlegen und so der Häresie Vorschub leistete, denn:
1) es ist gewiß, daß seine Briefe keine Häresie enthalten;
2) die Verdammungsformeln lassen diesen Sinn zu;
3) was auch immer die Concilsväter einzeln oder alle mit der Condemnirung bezweckt haben mögen, soviel ist gewiß, daß Leo II., welcher die Concilsverhandlungen approbirte, die Verdammungsformel, die sich auf Honorius bezieht, in dem angegebenen Sinne bestätigte und deßhalb ist sie auch nur in diesem als Beschluß eines ö cumenischen Concils anzusehen.

**) d. h. in Bezug auf das, was unter den Verhältnissen zu thun, nicht aber was zu glauben sei.

***) Nicht dadurch, daß er die falsche Doktrin des Sergius approbirte, sondern dadurch, daß er der bereits entstehenden Häresie nicht Widerstand leistete.

VI.

Reclamatio Sedis Apostolicae, seu Apologia pro Honorio Papa ad Imperatorem Constantinum missa a Ioanne Papa IV. A. D. 641, tribus circiter post Honorii obitum annis.

Quantum ex diversis suggestionibus, quae ad nos catervatim venerunt, quinimmo et ex ipso quoque auditu didicimus, omnes Occidentales partes scandalizatae turbantur, fratre nostro Pyrrho Patriarcha per litteras suas huc atque illuc transmissas nova quaedam et praeter regulam fidei praedicante, et ad proprium sensum quasi sanctae memoriae Honorium Papam decessorem nostrum attrahere festinante, **quod a mente catholici patris erat penitus alienum.** ...

Igitur, ut vestra benignitas causam totam rei discere possit, subtilissima veritate, quae ante brevis intercapedinem temporis gesta sunt, enarrabo. Sergius reverendae memoriae Patriarcha praepicto sanctae recordationis Romanae urbis Pontifici significavit, quod quidam in Redemptore nostro Domino Iesu Christo duas contrarias dicerent voluntates. Quo praefatus Papa comperto, rescripsit ei, quia Salvator noster, sicut esset monadicus unus, ita et valde mirabiliter super omne genus hominum conceptus et natus est. . . Et idcirco unam voluntatem secundum primam formationem Adae naturalem humanitatis suae Dominus noster Iesus Christus habere dignatus est, non duas contrarias, quemadmodum nunc nos habere dignoscimur, qui de peccato sumus Adae geniti . . . duas autem dico, mentis et carnis, invicem reluctantes . . . In dispensatione itaque sanctae carnis suae, duas nunquam habuit (Christus) contrarias voluntates, nec repugnavit voluntati mentis eius voluntas carnis ipsius. . . .
Quod quidam ad proprium sensum convertentes, divinitatis eius et humanitatis unam (Honorium) voluntatem docuisse suspicati sunt; **quod veritati omnimodis est contrarium.** . .
Sed, ne quis nonnumquam minus intelligens reprehendat, quamo-

brem de humana tantum natura, et non etiam de divina natura (Honorium) docere sciatur... debet, qui super hoc ambigit, scire, quoniam ad hoc facta est responsio ad iam dicti Patriarchae interrogationem. —

NB. Die Citate aus „Lehrbuch der Kirchengeschichte" von Döllinger Bd. II. S. 41. und Bd. I. S. 177 sind in der Ausgabe Regensburg und Landshut, 1836, Bd. II. S. 46 und Bd. I. S. 196 zu finden.